Linux y su ventana de comandos para principiantes

RICARDO MISAEL AYALA MOLINA

© 2013 Ricardo Misael Ayala Molina Author. All rights reserved.
ISBN 978-1-300-77461-7

INTRODUCCION

Este libro ha sido elaborado con la finalidad de poder ayudar a aquellos que desean introducirse en le mundo de los sistemas operativos libres a través de la ventana de comandos, no se hace mención de ningún distro en particular ya que el estudio que se hace de los comando acá mostrados, son soportados en todas las versiones Linux.

Los comando acá presentados son herramientas que todo principiante debe poseer a la mano ya que facilitan en gran medida la resolución de una serie de problemas. Cada comando que se muestra esta a un nivel básico de tal forma que puedan ser comprendidos desde un inicio.

Las áreas que se abarcan en este libro es el manejo de ficheros, ya que todos independientemente del nivel de conocimiento que tengamos en el mundo de la informática trabajamos con ficheros, la otra área que se toca en en este libro es el de la redes pero a un nivel muy básico, el enfoque que se persigue por el momento con todos ellos es verlos como herramientas útiles y complementarias a la hora de trabajar con ficheros y de probar la conectividad entre hosts.

Los comando presentados por el momento son ls, find, cd, mkdir, rmdir, cp, mv, rm, ping, traceroute, mtr, route y ifconfig. A la hora de estar explicando el funcionamiento de cada uno de ellos se presenta una sintaxis básica que es con la que partiremos. Así también se exponen algunos ejemplos para un mayor entendimiento. Quiero dejar claro que estos comando son fáciles de usar y que la sintaxis acá presentada es solo para una buena comprensión de la filosofía de estas herramientas tienen y que en futuras ediciones profundizare mas en ello.

Por ultimo como soy amante del la filosofía del software libre se sobreentiende que este libro esta elaborado con licencia GNU/GPL, es decir que la reproducción, modificación y distribución gratuita de este libro están permitidas, con la finalidad de generar conocimiento.

INDICE

Comando ls..1

Comando find...7

Comando cd..15

Comando mkdir..17

Comando rmdir..18

Comando cp...20

Comando mv..22

Comando rm...23

Comando ping ……..24

Comando traceroute..... …...32

Comando mtr..36

Comando route..38

Comando ifconfig...41

Bibliografía..45

CAPITULO 1

COMANDOS BASICOS PARA EL MANEJO DE FICHEROS

Una de las formas de utilizar Linux es el llamado Modo consola (ver figura 1), con una serie de comandos específicos de Linux. Este modo es bastante utilizado, por lo que es conveniente saber cuales son sus principales comandos y qué es lo que realizan. Vamos a ver una serie de comandos básicos generales de este modo consola. Estos comandos están divididos en varios apartados para una más fácil identificación:

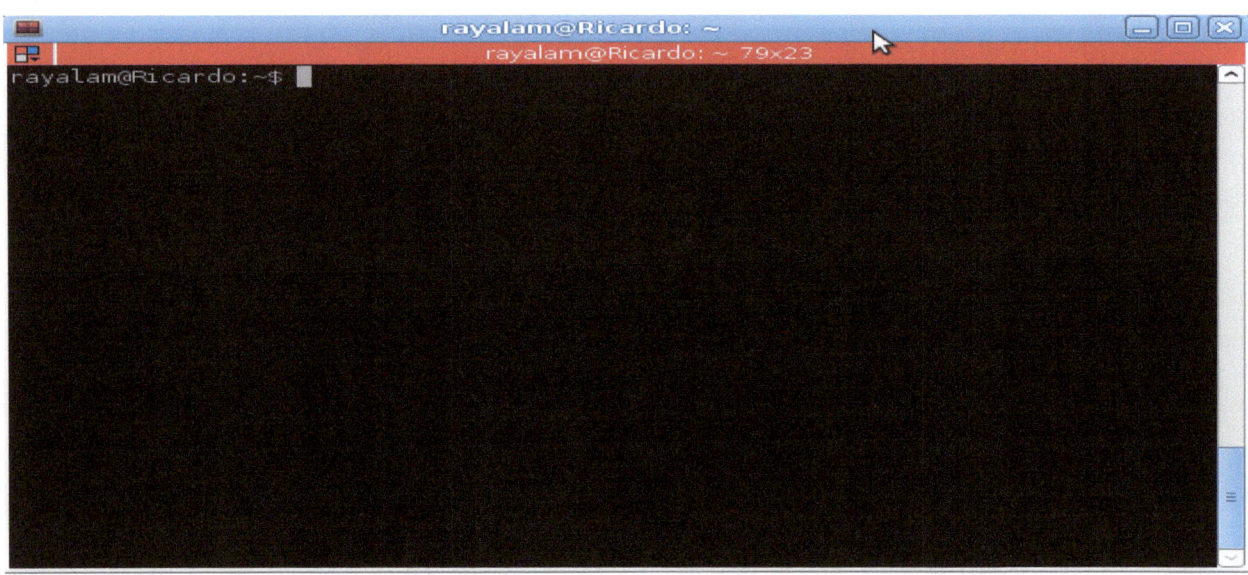

Fig.1 Terminal Linux que permite trabajar en modo consola.

COMANDO LS

El comando ls nos muestra el contenido de un directorio. Como cualquier comando Linux, acepta algunos parámetros. La forma correcta de pasarle un parámetro al comando ls es:

ls –(parámetro)

Unos de los parámetros mas comunes que podemos utilizar con el comando ls son los siguientes:

ls sin argumentos, dará como resultado un listado de todos los archivos (incluyendo directorios) del directorio donde el usuario está posicionado.

ls -a Nos muestra todos los archivos, incluyendo los archivos ocultos.

ls -B Nos muestra todos los archivos menos los de Backup.

ls - color= Nos permite imprimir el listado de un directorio en colores. Esto nos sirve para

identificar fácilmente a los directorios (que aparecen de azul), a los links (que aparecen en turquesa), links rotos, etc. El comando recibe uno de los tres parámetros:

* ls --color=never

* ls --color=always

* ls --color=auto

ls --format= Nos permite dar formato a la salida del comando ls. La salida del comando ls correctamente formateada puede ser enviada como entrada para otro programa encargado de procesar esta salida.

ls -l Nos muestra toda la información de los archivos como los permisos, usuario y grupo al que pertenece, el tamaño del archivo, fecha y hora de creación y nombre del archivo.

ls –lh Muestra la misma informacion que ls -l, pero muestra el tamaño en Kbytes, MBytes, etc. para hacer mas facil su lectura al usuario.

ls -r Muestra el contenido de un directorio, al revés.

ls –R Muestra el contenido de un directorio con sus subdirectorios.

ls -S Lista los archivos ordenados por tamaño

ls -X Ordena los archivos por extension

ls -U No ordena los archivos.

ls -t Ordena los archivos por fecha de modificación.

Como vemos, la correcta utilización del comando ls con sus correspondientes parámetros nos pueden brindar mucha información sobre el contenido de un directorio en Linux.

Veamos algunos ejemplos de como utilizar este comando. La siguiente figura muestra la aplicación solo del comando ls sin argumentos resultado en un listado de todos los archivos y directorios.

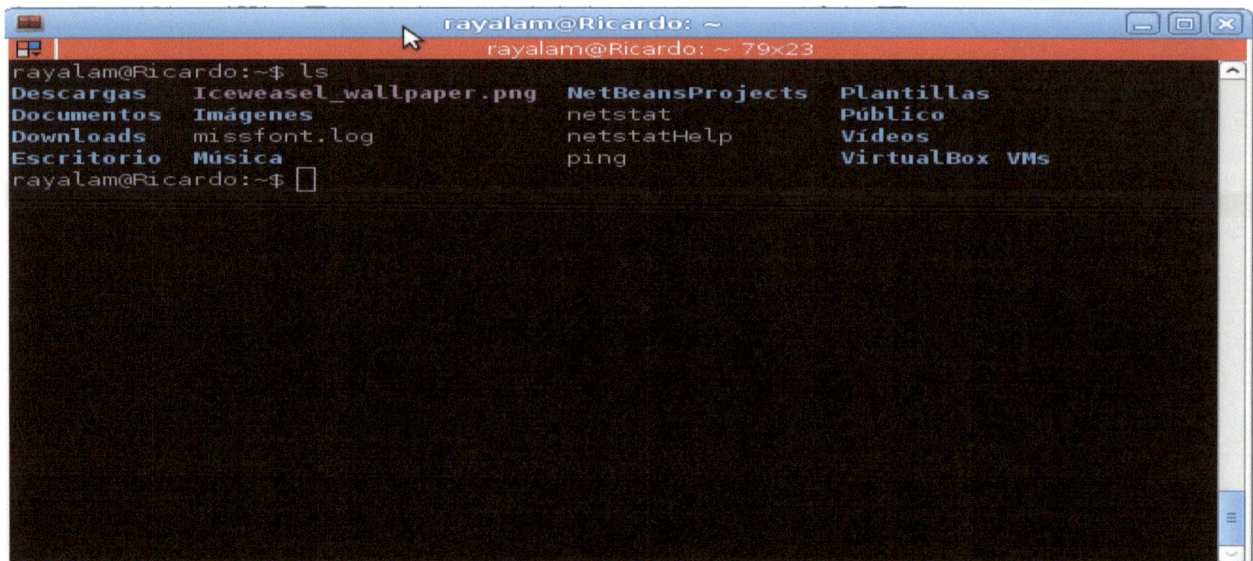

Fig.2 Uso del comando ls sin argumentos.

Lo importante a señalar acá es que Linux uso colores para representar los diferentes tipo de archivos y carpetas en este caso las carpetas son representadas de color celeste, los archivo de texto en letras planas y los archivos con extensión pnp (son imágenes) con un color morado claro, ahora veamos la misma información pero en forma columnar, para lo utilizaremos la opción --format con el valor single-column

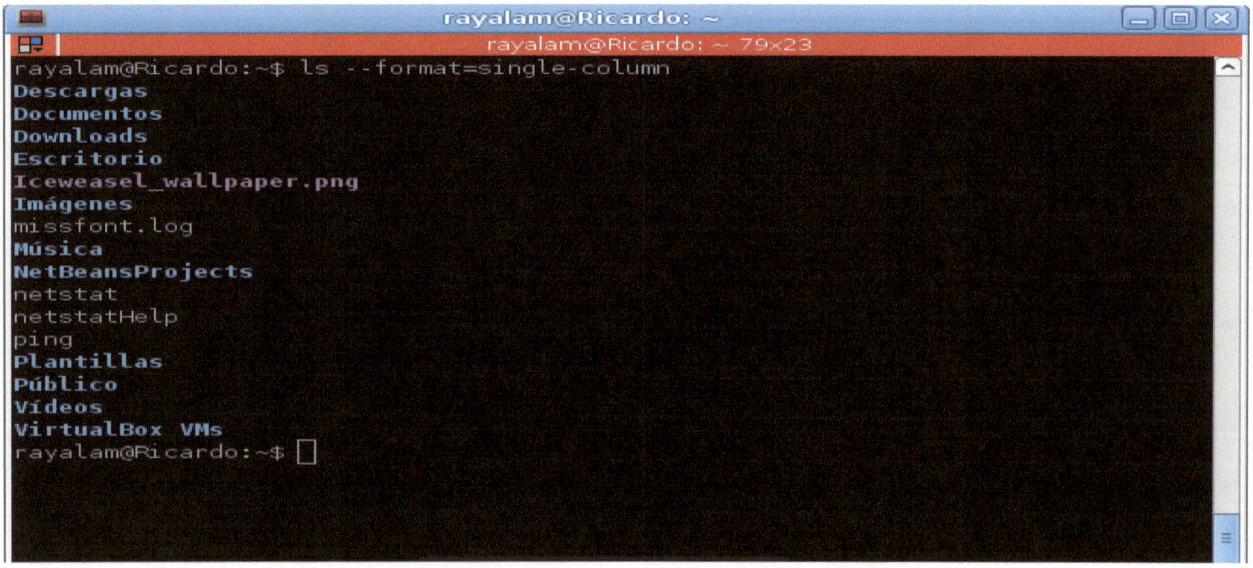

Fig.3 Uso de la opción --format del comando ls.

En el siguiente ejemplo se hace uso de una opción que en muchas ocasiones es útil ya que muestra los archivos y directorios del lugar donde nos encontremos mas todos los archivos y carpetas que estén ocultos.

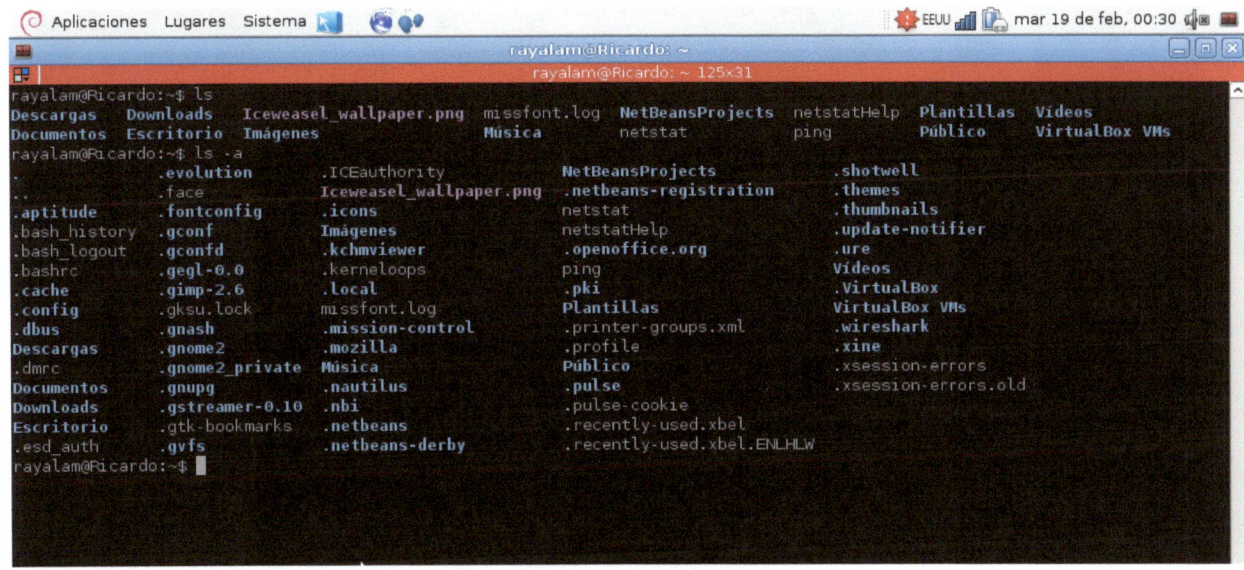

Fig.4 Uso de la opción -a

Lo notable acá en este resultado presentado en la figura 4 es que los archivos y carpetas que están ocultos estas precedidos por un punto.

En el siguiente ejemplo se usa la opción -l la cual nos permite ver como esta distribuidos los permisos , usuarios y grupo para los archivos y carpetas.

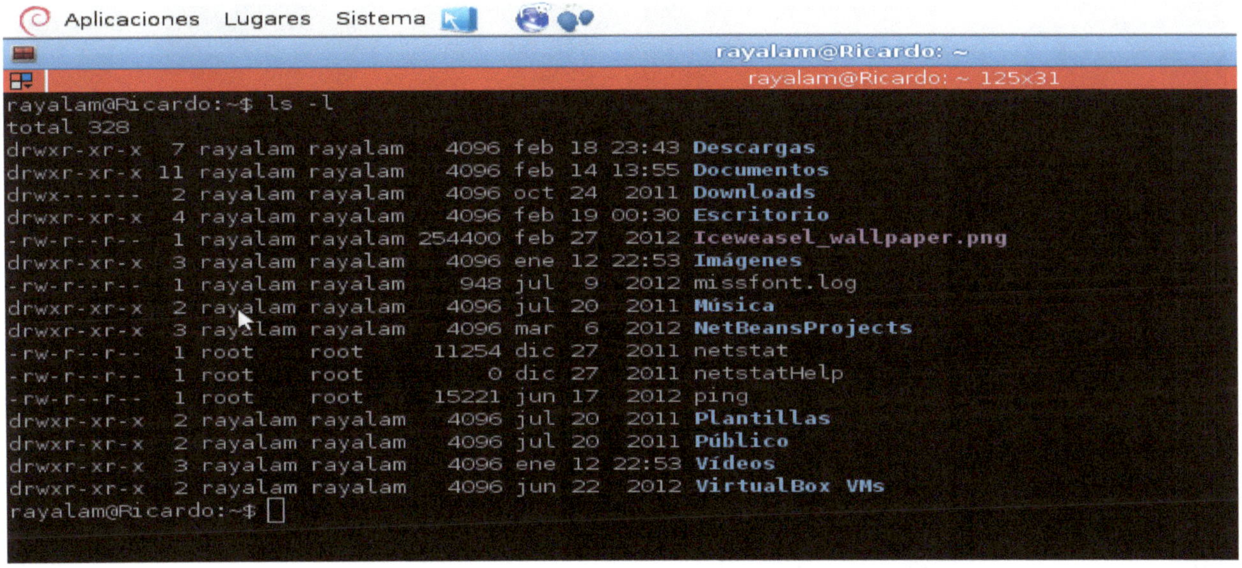

Fig.5 Verificación de permisos para archivos y carpetas.

Si queremos ver el tamaño de nuestra archivos y carpetas en KB tenemos que usar la opción -lh como se muestra a continuación.

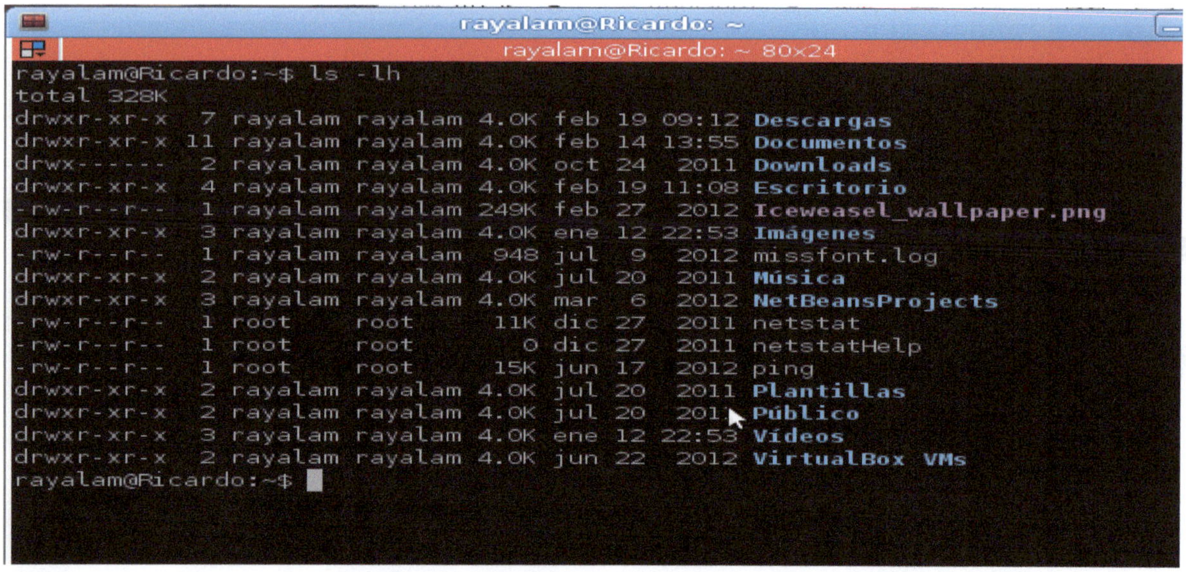

Fig.6 Tamaño de los archivos y carpetas en KB.

En algunas ocasiones necesitamos ver los archivos ordenas por su tamaño, esto se logra con la opción -S como se muestra a continuación.

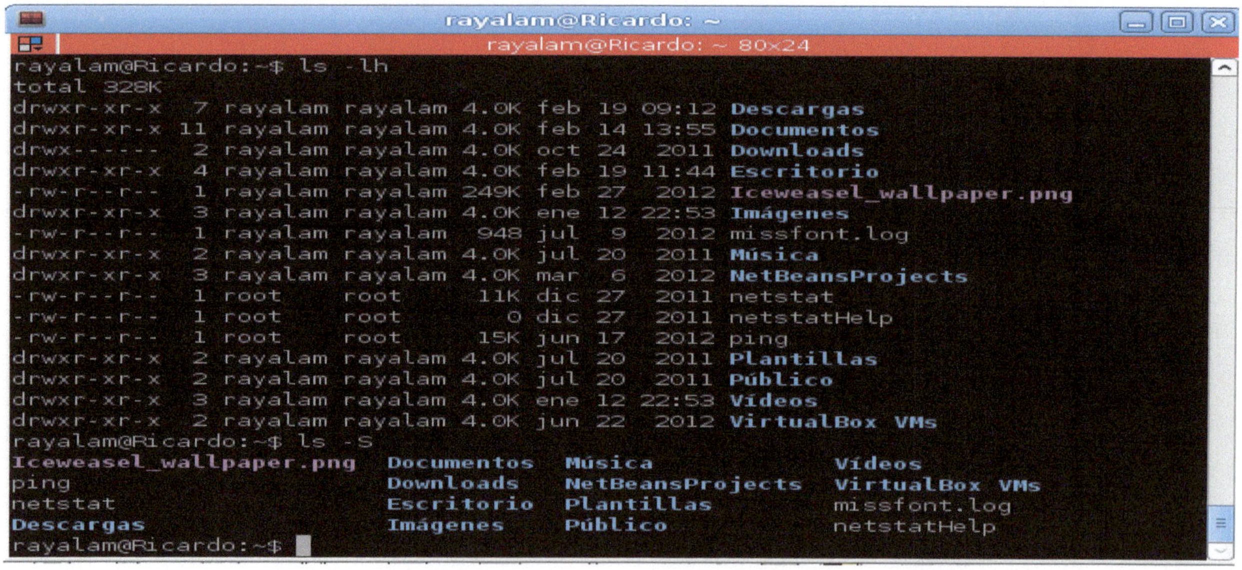

Fig.7 Documentos por tamaño.

Si vemos la figura 7 en la parte superior se ha digitado la opción -lh la cual muestra el resultado pero sin el orden que proporciona la opción -S.

Ahora bien no cabe duda que podemos combinar opciones para obtener resultados deseados, por ejemplo alguien puede querer ver los archivos ordenas por nombre y en forma columnar, lo cual se logra con la combinación que muestra la figura 8.

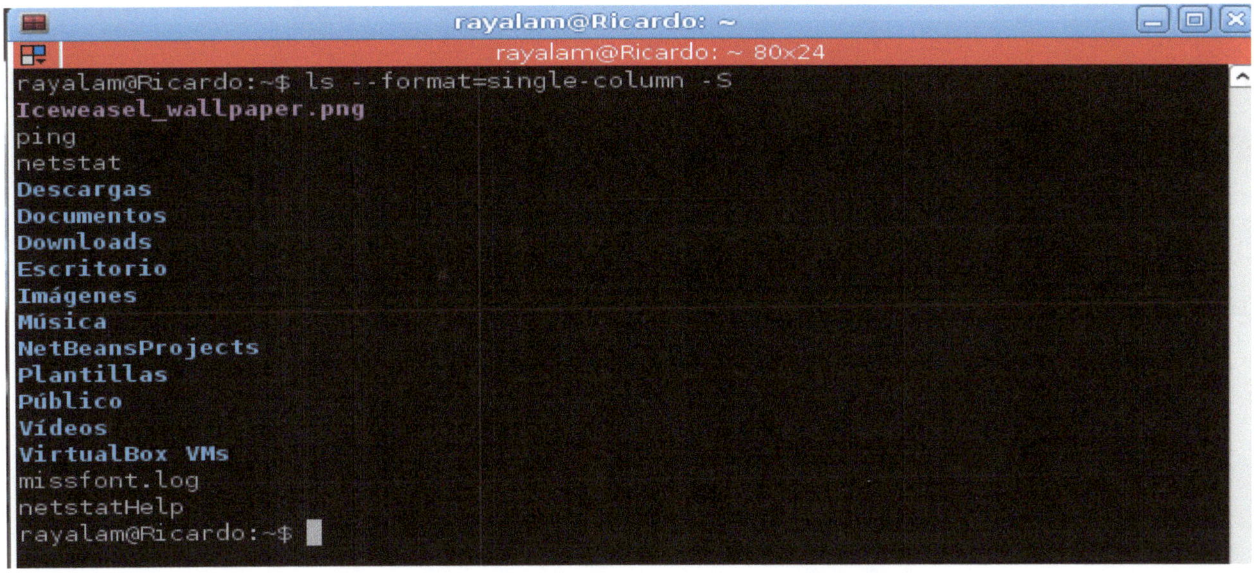

Fig.8 Uso de la opciones combinadas con ls.

Con la opción -t podemos ver nuestros archivos y carpetas ordenados según fecha de modificación.

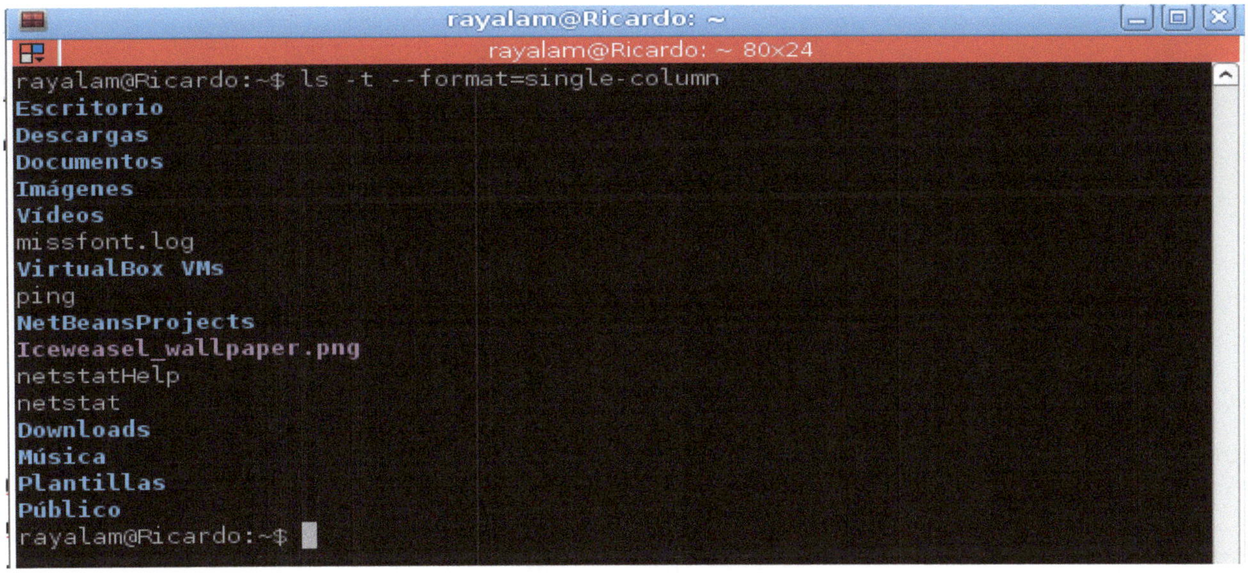

Fig.9 Uso de la opción -t.

Es de mencionar que el comando ls tiene mas opciones que se pueden adaptar a nuestras necesidades para mas información véase el comando man Linux.

COMANDO FIND

Find es un comando que se utiliza para buscar archivos dentro de la jerarquía de directorios del sistema y opcionalmente, que cumplan una serie de reglas de búsqueda.

Pero además de buscar archivos, *find* tiene la posibilidad de realizar operaciones sobre los ficheros que encuentra y posee una gran cantidad de parámetros y criterios de búsqueda lo que le hace muy flexible y potente, casi indispensable para realizar tareas administrativas.

La potencia del comando find no reside en la rapidez que encuentra los ficheros deseados, sino en la gran cantidad de reglas por las que podemos filtrar la búsqueda, como por ejemplo: por su fecha de creación, tamaño del fichero, permisos, y un largo etcétera. Además de posteriormente poder efectuar operaciones sobre el resultado.

Sintaxis

find [ruta] [expresión]

- ruta: indica el punto de partida desde donde se deberá iniciar la búsqueda.
- expresión: indica un conjunto de opciones como la especificación del archivo a buscar, comparaciones, operaciones y acciones sobre el resultado. Hay que reseñar que, la lista de opciones, comparaciones y acciones es muy extensa. Para dotar más claridad a la expresión, es aconsejable poner primero las opciones y después las acciones

Aunque la sintaxis de *find* se ve sencilla, en realidad se pueden utilizar una gran variedad de opciones como se puede constatar en la página de ayuda en línea correspondiente. Find siempre empieza la búsqueda en un directorio y luego desciende por sus subdirectorios buscando el patrón indicado (con algunas opciones podemos indicar el nivel de profundidad), si no se especifica ningún directorio de búsqueda, find recoge el valor de la variable PWD(ver figura 10), es decir, asume el directorio actual.

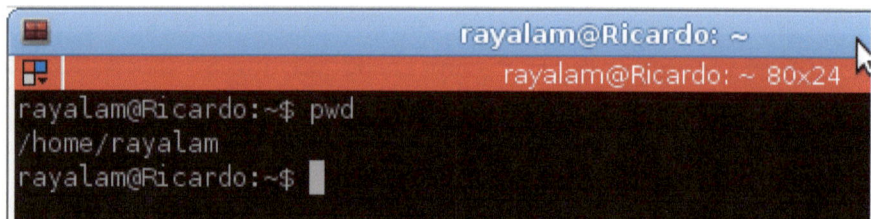

Fig.10 Chequeando en que directorio nos encontramos con el comando pwd.

Veamos un par de opciones, recuerda como se ha mencionado antes lo primero que debe aparecer en la expresión son las opciones, ya que definen como realizar la búsqueda.

-maxdepth {n}. Find buscará de forma recursiva hasta un máximo de n niveles de subdirectorios por debajo del especificado.

Por ejemplo, con -maxdepth 1 buscaremos en el directorio actual de forma no recursiva (no "bajaremos" a los subdirectorios), veamos esta opción en el siguiente ejemplo en la que el archivo llamado “miarchivo.odt” esta en el Escritorio y en una carpeta que esta en el escritorio llamada Nivel. Comenzaremos solo digitando el comando find con la opción -name (que busca los archivos que cumplan el criterio especificado de búsqueda) para que busque en todos los subdirectorios que están bajo la carpeta del usuario(recuerda que cada usuario tiene su propia carpeta y dentro de ella se genera una serie de directorios propios de cada usuario, dentro de estas carpetas esta el Escritorio)

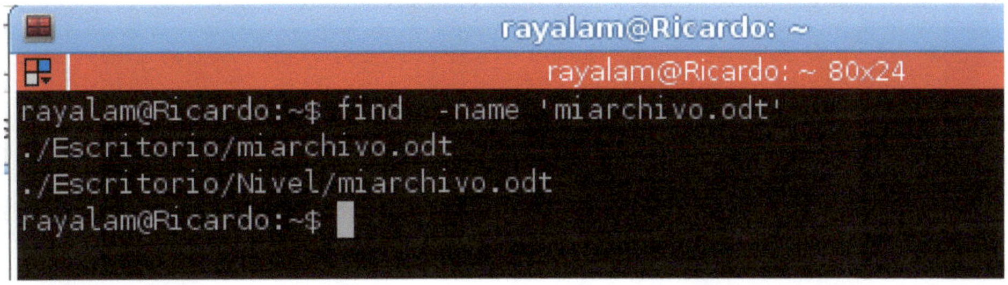
rayalam@Ricardo: ~
rayalam@Ricardo: ~ 80x24
rayalam@Ricardo:~$ find -name 'miarchivo.odt'
./Escritorio/miarchivo.odt
./Escritorio/Nivel/miarchivo.odt
rayalam@Ricardo:~$

Fig.11 Búsqueda del archivo miarchivo.odt sin tomar en cuenta los niveles de búsqueda.

ahora especifiquemos que la búsqueda solo sea en el Escritorio y que no se lleve a cabo en las carpetas que están bajo el Escritorio(recuerda que en el Escritorio hay una carpeta llamada Nivel que tiene un archivo con el mismo nombre).

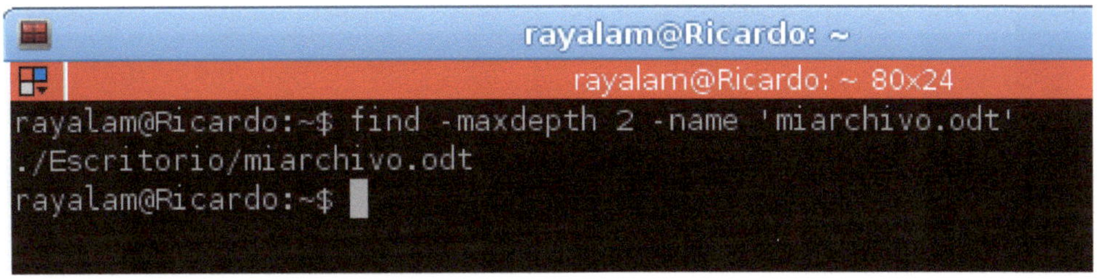
rayalam@Ricardo: ~
rayalam@Ricardo: ~ 80x24
rayalam@Ricardo:~$ find -maxdepth 2 -name 'miarchivo.odt'
./Escritorio/miarchivo.odt
rayalam@Ricardo:~$

Fig.12 Utilizando Maxdepth para especificar los niveles de búsqueda.

En este caso no se muestra el archivo miarchivo.odt que esta en la carpeta Nivel que a su vez esta dentro del Escritorio. Ahora especifiquemos un nivel mas y veamos el resultado.

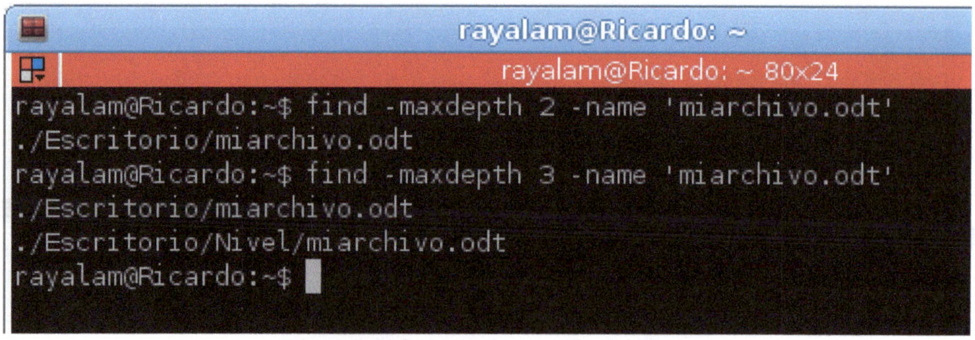

Fig.13 Búsqueda en 3 niveles

-mindepth {n}. Similar a maxdepth pero comenzará a buscar a partir de n niveles.

Por ejemplo, con *-mindepth 2* buscaremos sin tener en cuenta el directorio actual. Realizará la búsqueda a partir de los subdirectorios y de forma recursiva. Veamos el siguiente ejemplo.

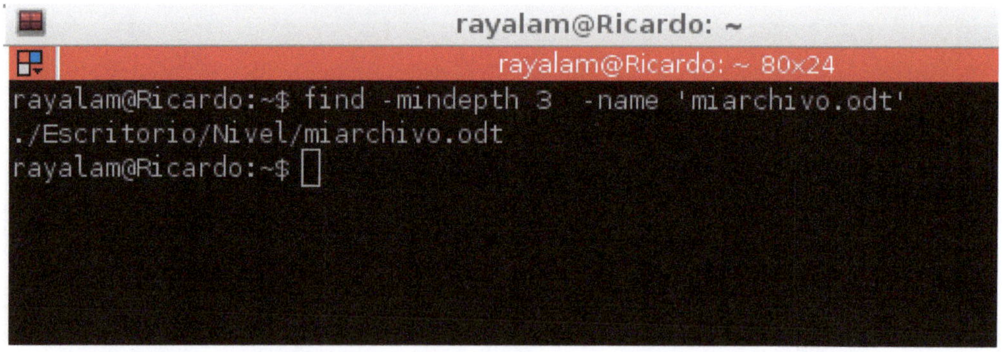

Fig.14 Búsqueda del archivo miarchivo a partir del directorio Nivel.

En la figura 14 se puede ver que la carpeta Nivel constituye el tercer nivel de profundidad partiendo de la carpeta del usuario y la carpeta Escritorio es el segundo nivel, por lo que la búsqueda empieza en el tercer nivel, hacia los demás niveles (4,5,6,etc.), según se especifica en el parámetro -mindepth.

Algunas comparaciones suelen llevar argumentos numéricos. Es importante que entendamos su significado:

Argumentos numéricos:
- +n: para un valor mayor que n
- n: exactamente ese valor n
- -n: para un valor menor que n

En la siguiente figura se ilustra el uso del argumento +n.

Fig.15 Uso del argumento +n con la opción -size

En la figura 15 se muestra los archivos que estén en la ruta que se especifica y que a demás sean mayores de 30KB, en este caso lo el archivo miarchivo.odt cumple la condición.

Muchas veces realizaremos búsquedas que cumplan un patrón (expresión regular que incluye un conjunto de cadenas de caracteres), es decir, no buscar un determinado fichero sino un grupo seleccionado de ellos que tengan en común ciertos caracteres de su nombre o su extensión por ejemplo.

La sintaxis correcta del patrón es la siguiente:
- *: engloba cualquier o ningún carácter.
- ?: cualquier carácter sencillo, justamente uno.
- [cadena]: coincidencia exactamente en uno de los caracteres contenidos en la cadena.

También la cadena puede contener rangos como por ejemplo incluir todas las letras minúsculas y los números [a-z0-9].
- [^cadena]: no coincidencia con ninguno de los caracteres de la cadena. Es la negación de [cadena].
- : cualquier meta carácter debe ir precedido del símbolo backslash " para que pierda su significado especial. Se consideran metacaractares *, ? y [].

Es aconsejable que el patrón vaya ente comillas simples.
Ejemplos:
'?valen*' : podrían ser 1valentino y vvalen.
'*.jpg': cualquier archivo con extensión jpg.

'*1*.txt': cualquier archivo .txt que su nombre contuviera un 1.

'*[1]*.txt': igual que el ejemplo anterior.

'[0-9]?rt*.??q': coincidirían por ejemplo los archivos 03rt.44q y 1trtexample.exq

'ejercicio[0-9]*': coincidirían ejercicio1.txt, ejercicio1.c, etc...

'[^0-9A-Z]example.php': coincidirían aexample.php. bexample.php. En definitiva cualquier fichero example.php cuyo primer carácter sea un letra minúscula.

'*[a-z]*.odt': coincidirían *zprimero.odt, *ssss.odt; es decir, el primer carácter deberá ser un asterisco.

Veamos un ejemplo en la figura siguiente donde se aplican estos criterios.

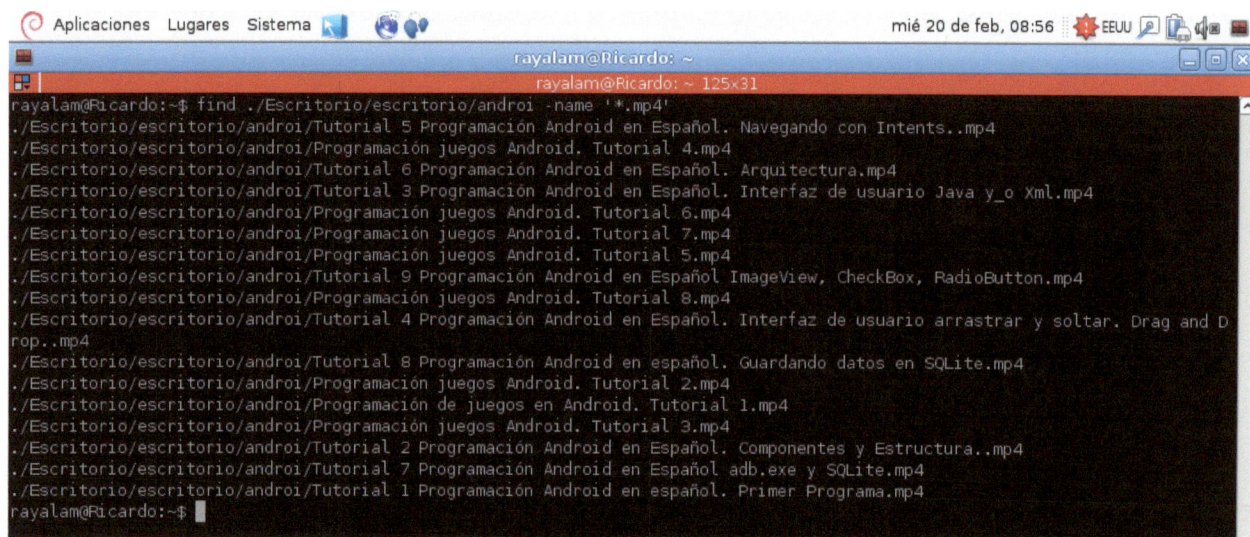

Fig.16 Búsqueda aplicando el patrón *

Otras de opciones de interés son las siguientes:

-amin {n}: búsqueda de ficheros que han sido leídos hace n minutos.

-atime {n}: búsqueda de ficheros que han sido leídos por última vez hace nx24 horas.

-cmin {n}: búsqueda de ficheros cuyos permisos se han cambiado hace n minutos.

-ctime {n}: búsqueda de ficheros cuyos permisos se han cambiado por última vez hace nx24 horas.

-mmin {n}: búsqueda de ficheros que han sido modificados (su contenido) hace n minutos.

-mtime n; búsqueda de ficheros que han sido modificados por última vez hace nx24h.

-empty: búsqueda de ficheros o directorios vacíos. Muy útil para "hacer limpieza" del disco duro.

-fstype {tipo}: especificamos el tipo de sistema de archivos donde queremos realizar la busqueda (en /proc/filesystem podemos ver la lista de todos los sistemas de ficheros registrados en el sistema).

-gid {n}: buscamos ficheros que pertenezcan al grupo con identificador igual a n.

-gid {n}: buscamos ficheros que pertenezcan al grupo con identificador igual a n.(con el comando id podemos saber cual es nuestro gid, uid así como a los grupos a los que también pertenecemos.)

-group {nombre}: igual que la expresión anterior, pero esta vez buscamos por el nombre del grupo.

-lname {patrón}: buscamos enlaces simbólicos que coincidan con el patrón.

Con **ilname** ignoramos las mayúsculas o minúsculas.

-name {patrón}: buscamos los ficheros que coincidan con el patrón.

Con **iname** ignoramos las mayúsculas o minúsculas.

-links {n}: buscamos ficheros con n enlaces.

-nouser: buscamos ficheros que no pertenezcan a ningún usuario. Es decir, el uid del fichero no coincide con el UID de ningún usuario.

-nogroup: igual que la expresión anterior pero con gid (identificador de grupo).

-path {patrón}: búsqueda del patrón que coincida con el path o ruta.

Con **ipath** ignoramos las mayúsculas y minúsculas.

-perm {modo}: buscamos los ficheros que coincidan exactamente con los permisos en representación octal (de 0 a 7) o en representación simbólica (r para lectura, x para ejecución, w para escritura).

-perm {-modo}: buscaremos los ficheros que coincidan exactamente con los permisos o que al menos tengan estos permisos el propietario, el grupo y el resto en representación octal o en representación simbólica.

-perm {+modo}: buscaremos ficheros que coincidan exactamente con los permisos o que al menos tengan estos permisos el propietario ó el grupo ó el resto en representación octal o en representación simbólica.

-size {n} [ckMG]: buscamos los ficheros que tengan como tamaño de bloque el valor n, es decir, el número bloques que utiliza el fichero en disco.

Un bloque por defecto son 512 bytes, pero desafortunadamente no tiene porqué serlo. Es recomendable buscar por unidades de almacenamiento que son las siguientes:

c= bytes.

k= kilobytes.

M= Megabytes.

G= GigaBytes

-type {tipo}: especificamos el tipo de fichero a buscar

-d: directorio

-f: fichero regular

-l: enlace simbólicos

-b: fichero especial de bloques*

-c: fichero especial de caracteres*

*Los ficheros de dispositivos hacen referencia a dispositivos físicos o virtuales del sistema, de modo que existen dos tipos de ellos: de bloque y de caracteres.

De carácter: se accede a ellos a razón de un carácter cada vez (1 byte). La unidad de datos más pequeña que puede escribirse en un dispositivo, o leerse desde él, es un carácter.

De bloque: se accede a ellos a razón de un bloque cada vez (más de un byte). Por ejemplo, el disco duro es un dispositivo de bloques.

-uid {n}: busca ficheros cuyo propietario tenga el uid especificado.

-user {usuario}: busca fichero cuyo propietario del mismo es el usuario.

Veamos un par de ejemplos

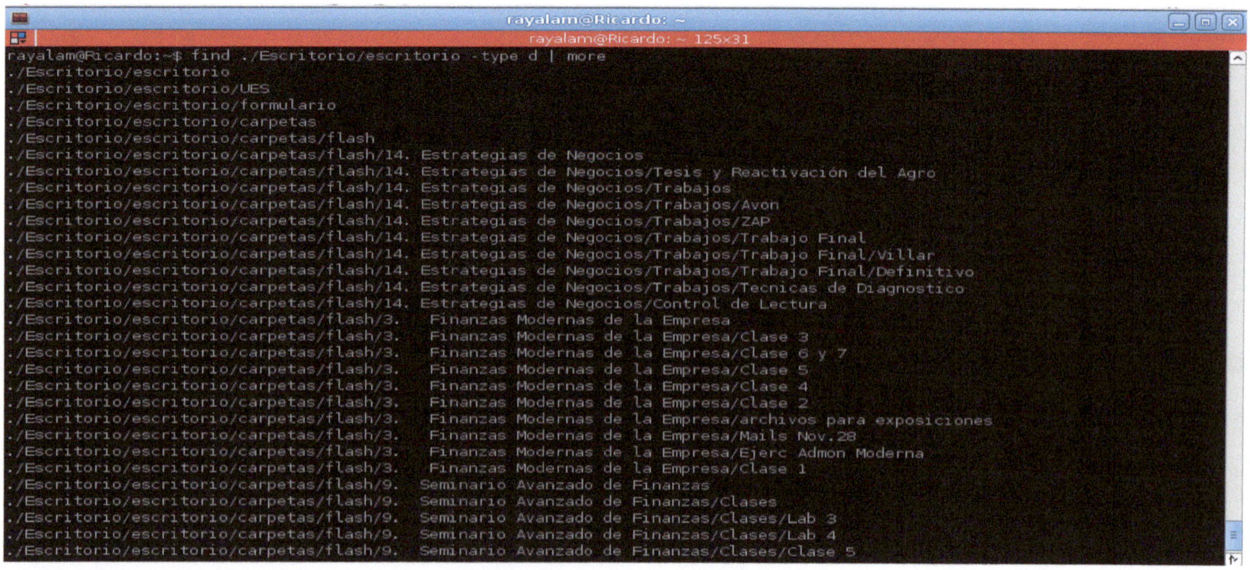

Fig.17 Uso de la opción -type.

En la la figura 17 se hace uso de la opción -type f, la cual manda a buscar los ficheros en la ruta especificada, el comando | more permite ver los resultados pagina a pagina.

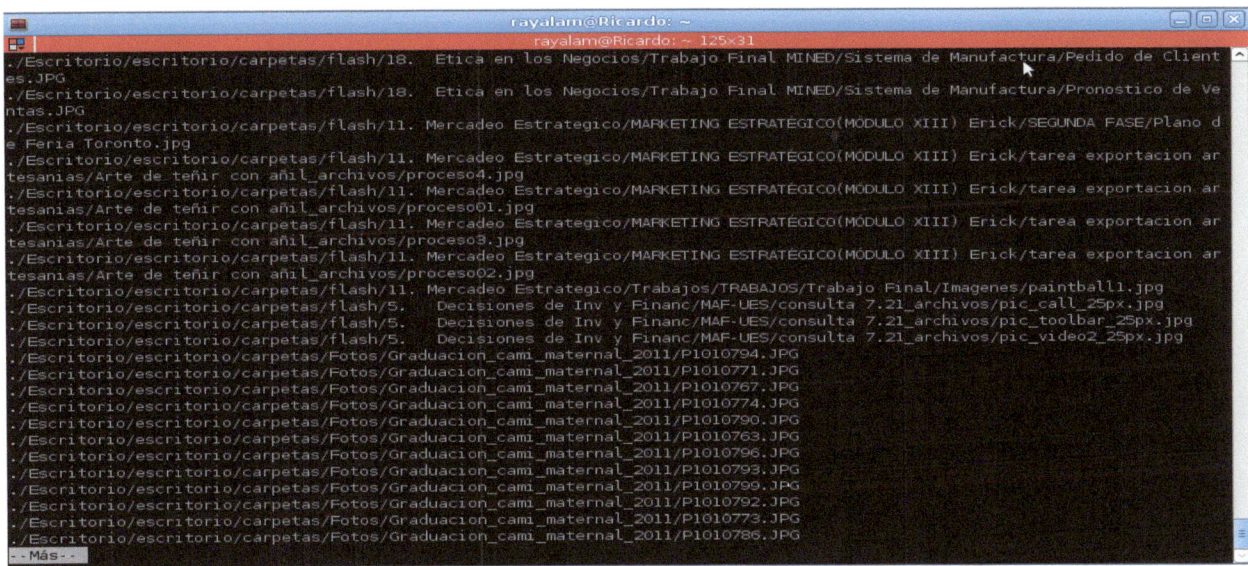

Fig.18 Búsqueda ignorando mayúsculas y minúsculas.

En el ejemplo de la figura 18 la opción -iname hace que se tomen en cuenta mayúsculas y minúsculas para la búsqueda.

COMANDO CD

Este comando se usa para cambiar de directorio, donde cd son las siglas de change directory (cambiar de directorio, en inglés). La sintaxis que usaremos es la siguiente:

cd<directorio>

Veamos lo sencillo que resulta usar este comando con un par de ejemplos partiendo del hecho que nos encontramos en el directorio actual, como se muestra en la figura siguiente.

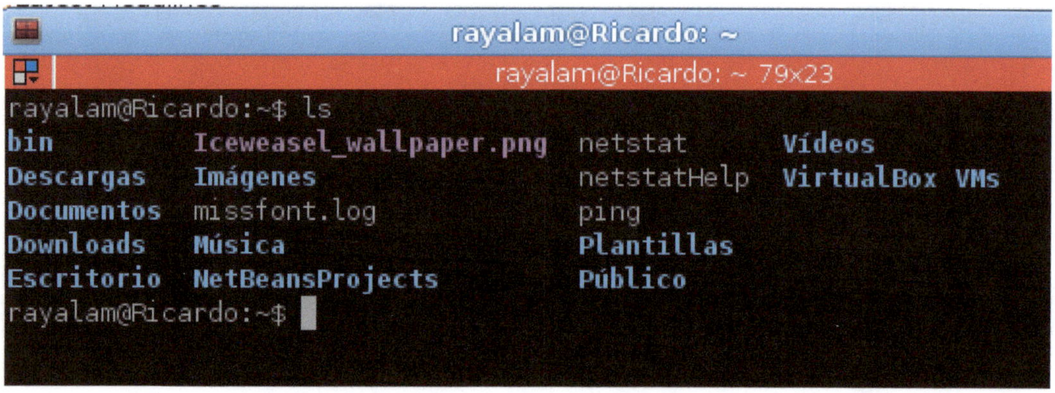

Fig.19 Listado de carpetas pertenecientes al usuario Ricardo.

Observa que se ha creado un directorio llamado bin en el espacio correspondiente a el usuario, hay que recordar que en la estructura de directorios creados cuando se instala un distro de Linux se crea un directorio con el mismo nombre en el raíz. Veamos la siguiente figura.

Fig.20 Moviéndose a la carpeta bin que pertenece al usuario Ricardo.

En el ejemplo de la figura 20 se ha hecho uso de la ruta relativa para movernos a la carpeta bin ya que no es lo mismo cd bin estando en la carpeta del usuario Ricardo que digitar cd /bin, donde esta ultima es una ruta absoluta que nos mueve a la carpeta bin en el directorio raíz, como se muestra en la siguiente figura.

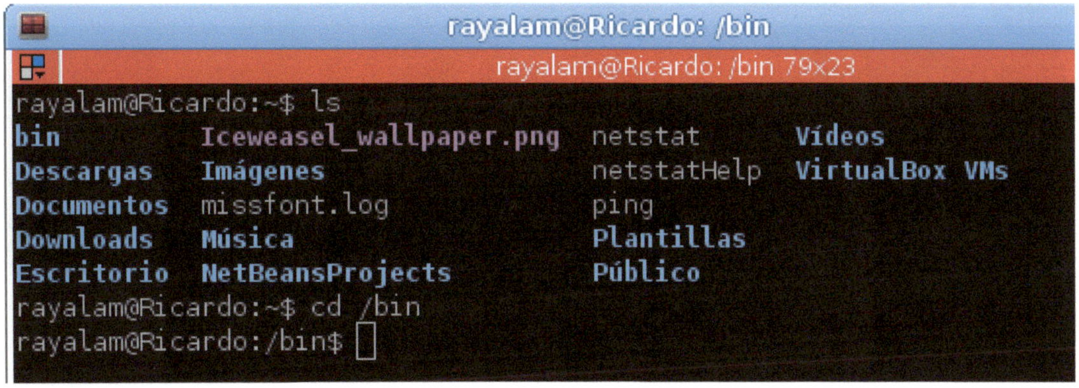

Fig.21 Usando la ruta absoluta para movernos a la carpeta bin del directorio raíz.

En el caso que cd se ejecute sin parámetros, cambiará al directorio personal o home directory del usuario, veamos la siguiente figura.

Fig.22 Uso de cd para desplazarnos a la carpeta del usuario en un solo paso.

En la figura 21 se ha desplazado a la carpeta androi que esta a tres niveles de profundidad en relación a la carpeta personal del usuario Ricardo, al digitar cd estando en la carpeta androi regresamos automáticamente a la carpeta personal de usuario. Digitar cd equivale a digitar cd~ o cd $HOME

.Si deseamos nos podemos mover en un solo paso a la carpeta que deseamos ya sea digitando la ruta absoluta o relativa según sea el caso, como se muestra en la figura siguiente.

Fig.23 Moviéndonos a la capeta androi usando la ruta relativa.

COMANDO MKDIR

Este comando es bastante simple, su finalidad es la creación de directorios, y su sintaxis es así:

mkdir [opciones] directorio.

Sus opciones son las que siguen:

-m modo

　Establece los permisos de los directorios creados.

-p

　Crea los directorios padre que falten para cada argumento directorio.

En el siguiente cuadro se usa mkdir en su forma mas simple, para crear un directorio.

Fig.24 Creando un directorio con mkdir

En el siguiente ejemplo la opción -p de mkdir se encarga de crear, si no existen, los directorios miprogramd y java. Si se usa este comando sin la opción -p se obtendrá como resultado un error.

Fig.25 Uso de la opción -p

Otra opción que es interesante es -m, que crea el directorio con los permisos por ejemplo:
mkdir -m750 miprograma

Creará el directorio miprograma con los permisos 750 (o sea: rwxr-x—).

Comando rmdir

El comando rmdir sirve para eliminar directorios vacíos. Su sintaxis es similar a la mkdir.

rmdir[opciones] directorio.

En el siguiente ejemplo se usa rmdir en su forma mas simple para borrar un directorio

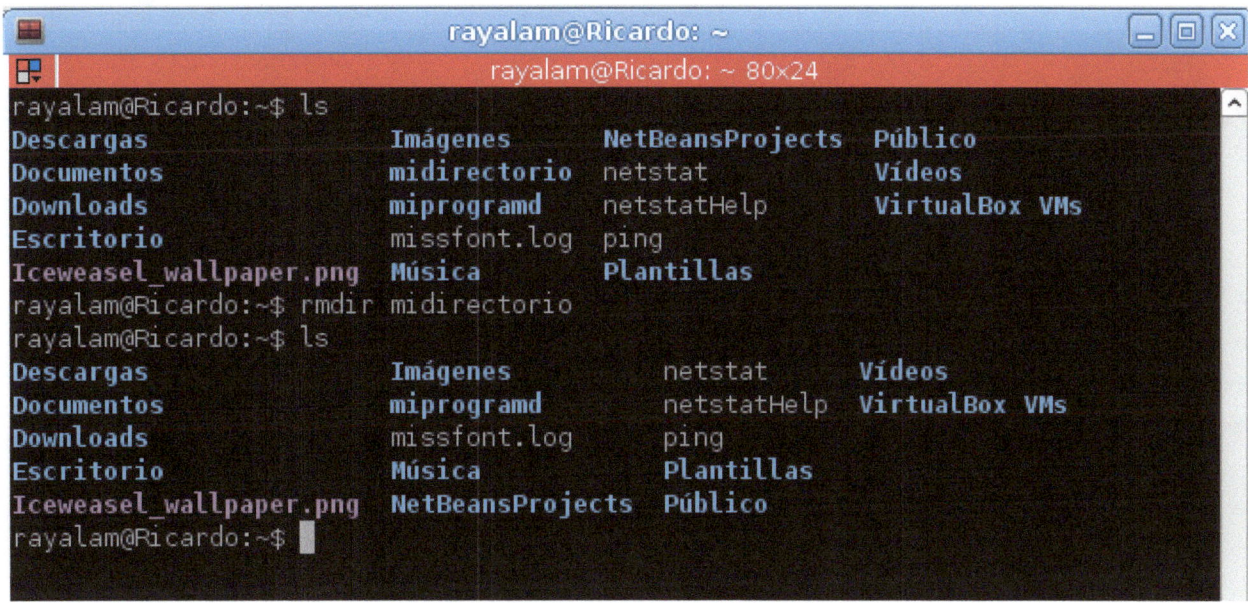

Fig.26 Borrando directorio midirectorio.

Hay que recordar que para borrar directorios de forma predeterminada tiene que estar vacío, de lo contrario se mostrara un error como lo muestra la siguiente figura.

Fig.27 Error mostrado al intentar borrar un directorio que no este vacío.

En el siguiente ejemplo se usa la opción -p del comando rmdir, la cual borra a partir del ultimo nivel especificado, en el directorio miprogramd se encuentra el directorio java y dentro de este ultimo esta el directorio inventarlo

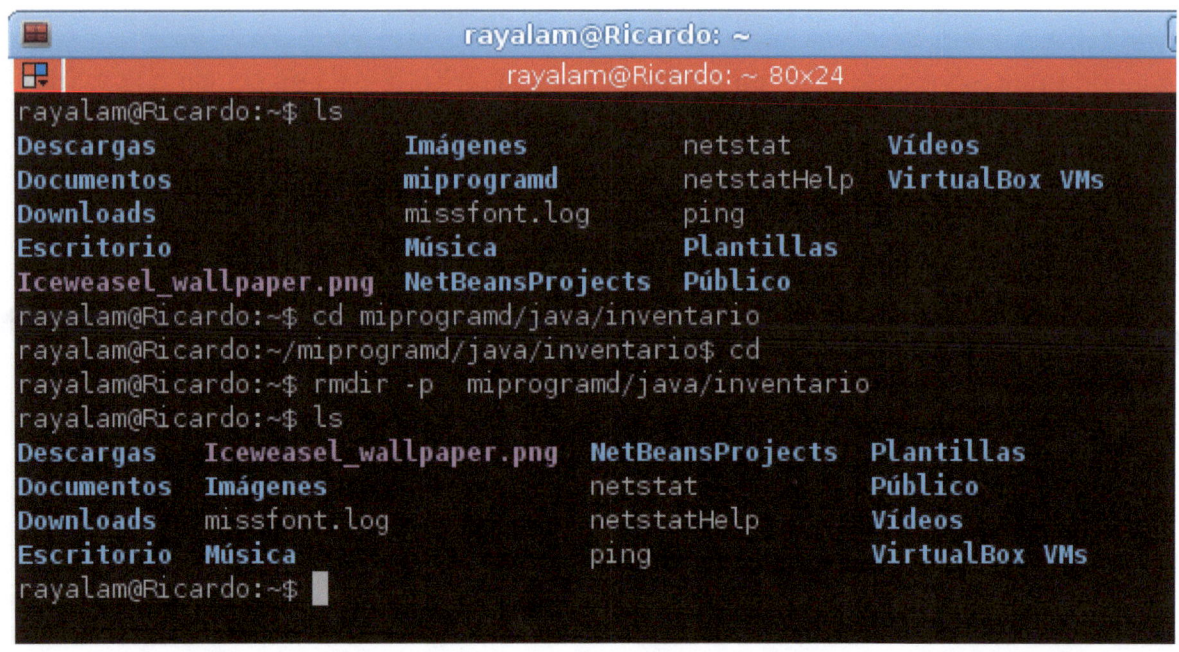

Fig.28 Borrando directorios miprogramd/java/inventario de un solo paso.

COMANDO CP

El comando cp en Linux, también conocido como copy, es un comando UNIX que como su propio nombre indica, se utiliza para copiar ficheros.

Al utilizar el comando cp en Linux, los ficheros pueden ser copiados al mismo directorio o por el contrario a un directorio diferente. Si el fichero va a ser copiado al mismo directorio donde existe el fichero original, el nuevo fichero debe tener un nombre diferente. Por el contrario, si el fichero va a ser copiado a otro directorio, el fichero puede tener cualquier nombre. Al ejecutar el comando cp en Linux, el fichero original no cambia. La sintaxis del comando cp en su forma mas simple es la siguiente:

cp [opciones] ficheroorigen ficherodestino

Veamos el siguiente ejemplo donde el archivo miarchivo.odt y lo queremos copiar a la capeta Nivel que también esta en el Escritorio.

Fig.29 Archivo miarchivo.odt ubicado solo en el escritorio.

Ahora lo copiaremos como se dijo anterior mente a la carpeta Nivel que esta en el Escritorio.

Fig.30 Copia del archivo miarchivo.odt a la carpeta Nivel.

En este sencillo ejemplo se puede apreciar que el archivo mi archivo se encuentra en el Escritorio y dentro de la carpeta Nivel que también esta en el Escritorio.

Si se alcanzo a deducir este comando nos puede servir para crear backup, como se muestra en la siguiente figura donde se copia el archivo al mismo directorio pero con diferente nombre.

Fig.31 Creación de backup con el comando cp

Si quisiéramos copiar varios ficheros (log1.txt, log2.txt) ubicados en el Escritorio a la carpeta Nivel, habría que digitar lo siguiente.

cp Escritorio/log1.txt Escritorio/log2.txt Escritorio/Nivel

En caso de que queramos pasar todos los ficheros que se encuentran dentro de un directorio a otro, digitamos lo siguiente.

cp RutaDirectorio_Origen/* Ruta_Directorio_Destino

El asterisco en este caso significa todos los ficheros. No los directorios, si quisiéramos copias directorios con cp la sintaxis es la siguiente.

cp [opciones] –R directorioorigen directoriodestino

Como se puede ver, el comando cp en Linux ofrece muchas posibilidades. Hasta ahora hemos visto los comandos más habituales sin introducir las [opciones] o "flags", estas serán explicadas en futuras ediciones, este libro recuerda es para principiantes.

COMANDO MV

El comando mv es la abreviatura de mover. Se usa para mover/renombrar un archivo de un directorio a otro. El comando mv es distinto del comando cp ya que elimina completamente el archivo del origen y lo mueve a una carpeta especificada, mientras que el comando cp sólo copia el contenido de un archivo a otro. La sintaxis de este comando es la siguiente

mv [-f] [-i] nombre_antiguo nuevo_nombre

-f   Así no preguntará antes de sobreescribir (equivalente a --reply=yes). mv -f moverá los archivos sin preguntar incluso si está escribiendo sobre un archivo de destino existente.

-i   Pregunta antes de sobreescribir algún archivo.

En la figura 32 se comprueba el contenido del Escritorio y de la carpeta Nivel, luego se mueve el archivo miarchivo.odt del Escritorio a Nivel, en la figura 33 se muestran los contenidos tanto del Escritorio como de Nivel para comprobar que realmente se halla movido miarchivo.odt.

Fig.32 Moviendo el archivo miarchivo a la carpeta Nivel.

Fig.33 Verificando resultados de las operación de la figura 32.

Supongamos que queremos renombre miarchivo.odt por el nombre minuevoarchivo.odt, solamente digitamos lo siguiente.

mv Escritorio/Nivel/miarchivo.odt Escritorio/Nivel/minuevoarchivo.odt

COMANDO RM

El comando de linux rm se usa para eliminar archivos de un directorio. Su sintaxis en sumamente sencilla.

rm [opciones] [archivo|directorio]

-f	Elimina todos los archivos en un directorio sin preguntar al usuario.
-i	Interactivo. Con esta opción, rm pide confirmación antes de eliminar cualquier archivo.
-r (ó) -R	Elimina directorios y subdirectorios reiterativamente en la lista de argumentos. El directorio será vaciado de archivos y eliminado. Normalmente se pregunta al usuario antes de eliminar cualquier archivo protegido contra escritura que contenga el directorio.

EJEMPLOS:

1. Para eliminar un archivo:

   rm file1.txt

   Aquí el comando rm eliminará el archivo file1.txt.

2. Para eliminar un árbol de directorios:

   rm -ir tmp

   Este comando rm eliminará reiterativamente los contenidos de todos los subdirectorios en el directorio tmp, pidiendo confirmación para la eliminación de cada archivo, y después elimina el propio directorio tmp.

3. Para eliminar más archivos a la vez

   rm file1.txt file2.txt

   El comando rm elimina file1.txt y file2.txt a la vez.

CAPITULO 2

COMANDOS BASICOS PARA EL MANEJO DE LAS REDES

COMANDO PING

El comando ping, que significa Packet Internet Groper, es una herramienta super sencilla de entender y utilizar en el mundo de las redes informáticas, volviéndose una herramienta vital e indispensable para los administradores de redes.

Ping es la aplicación más simple de todas las de TCP/IP. Envía uno o más datagramas IP a un host de destino especificado pidiendo una respuesta y midiendo el tiempo de ida y vuelta, es decir este comando verifica que un host remoto está online y responda, verificando su conectividad y siendo la primera prueba de accesibilidad de un host.

Ping utiliza un protocolo llamado ICMP, que son las siglas de Internet Control Message Protocol, el cual básicamente se encarga de revisar y notificar si hay errores en la comunicación entre dos host y/o redes. Para ellos ICMP envía un mensaje a un destino, y en base a lo que suceda con este, el origen obtendrá una respuesta. Dentro del paquete ICMP hay un campo que contiene un código de respuesta, y según el valor de este se obtiene un diagnostico por así decirlo.

Este campo puede tomar los siguientes valores cuyo significado es:

0 Respuesta de eco (Echo Reply)
3 Destino inaccesible (Destination Unreachable)
4 Disminución del tráfico desde el origen (Source Quench)
5 Redireccionar (cambio de ruta) (Redirect)
8 Solicitud de eco (Echo)
11 Tiempo excedido para un datagrama (Time Exceeded)
12 Problema de Parámetros (Parameter Problem)
13 Solicitud de marca de tiempo (Timestamp)
14 Respuesta de marca de tiempo (Timestamp Reply)
15 Solicitud de información (obsoleto) (Information Request)
16 Respuesta de información (obsoleto) (Information Reply)
17 Solicitud de máscara (Addressmask)
18 Respuesta de máscara (Addressmask Reply)

Para empezar nuestro entendimiento de este comando iniciaremos con la siguiente sintaxis que resulta fácil de entender. En futuras ediciones profundizaremos mas ella ya que es un poco mas compleja.

ping [-opciones] [nombre_o_dirección_del_host destino]

donde:

-opciones:Varias opciones que se habilitarán(luego veremos unas de ellas mediante un par de ejemplos).

nombre_o_dirección_del_host destino: Como se indica puede ser el nombre de la maquina o su dirección IP.

Ahora básicamente ya sabemos como funciona un ping, a continuación se presentara una serie de ejemplos que dejara mas en claro la utilidad de este comando.

Supongamos que queremos saber si tenemos conectividad con un servidor cuya ip es 192.168.0.1, entonces ejecutamos desde nuestra máquina que se encuentra dentro de la misma red u otra, un ping a ese servidor como se muestra en la figura siguiente:

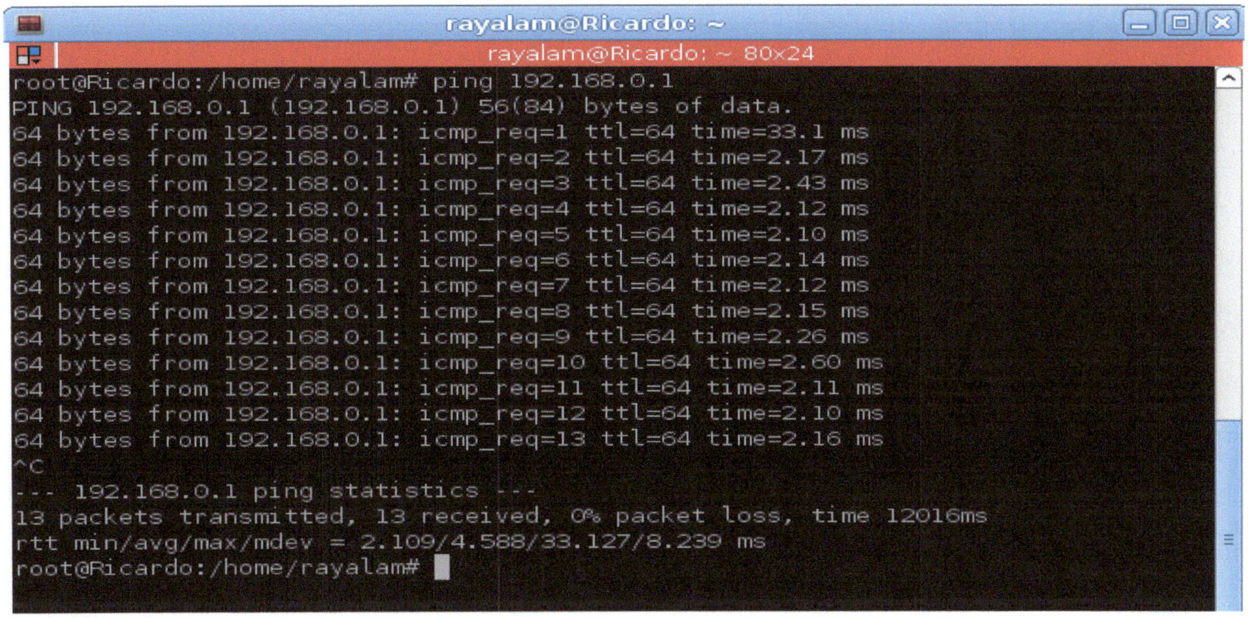

Fig.34 Comando ping para probar conectividad con un host (en este caso un servidor cuya dirección ip es 192.168.0.1).

Entonces lo que se esta haciendo es enviarle a este servidor una petición de eco o Echo, es decir una petición de tipo 8. Ahora bien si este servidor se encuentra en línea y este tiene habilitada la opción de responder a pings, el nos devolverá una respuesta de tipo 0, es decir una respuesta de eco o Echo Reply y es donde vemos algo como esto:

64 bytes from 192.168.0.1 icmp_req=2 ttl=64 time=2.17 ms

Este mensaje significa que es un ping exitoso. Lo que implica que la conectividad entre los dispositivos esta correcta. Analicemos este resultado mas de cerca: La leyenda 64 bytes from 192.168.0.1 nos indica que el host de la dirección 192.168.0.1 nos ha enviado su respuesta la cual tiene tiene un tamaño por defecto de 64 bytes, icmp_rep es el correlativo que indica el numero de paquete recibido.

La etiqueta TTL es el tiempo de Vida del paquete. Se disminuye en una unidad en cada salto de Router, eso es cada Router que atraviesa. Si no existiera un TTL los paquetes entrarían en un LOOP indefinido lo que causaría complicaciones en la RED y colisiones, síntomas de una mala configuración.

Time es la cantidad de milisegundos que tarda el paquete en recorrer el camino. Tiempos mayores de 5 milisegundos en redes pequeñas (ámbito local) son indicadores y a menudo señal de fallo. Lo ideal es que siempre sean menos de 1 milisegundo(en ámbito local como se menciono antes).

Si estamos en Windows solo se enviaran 4 mensajes y por tanto obtendremos 4 respuestas, si estamos en Linux el ping se estará ejecutando hasta que lo detengamos con Control + C, este tipo de pings se conoce como ping sostenido.

Pero si por el contrario el servidor no estuviese en línea o esta configurado para no responder a pings obtendríamos una respuesta tipo 11, indicando que se ha agotado el tiempo arrojando el siguiente mensaje:

Tiempo de espera agotado para su solicitud

O si por el contrario obtenemos respuestas tipo 0 y 11 al tiempo, es decir que hay perdida de paquetes, se puede determinar que hay intermitencia en la comunicación, para lo cual veríamos resultados como el siguiente:

> 64 bytes from 192.168.0.1 icmp_req=2 ttl=64 time=2.17 ms
>
> Tiempo de espera agotado para esta solicitud
>
> 64 bytes from 192.168.0.1 icmp_req=3 ttl=64 time=2.13 ms
>
> Tiempo de espera agotado para esta solicitud

Esta intermitencia puede deberse a problemas físicos, es decir cableado, tarjetas de red, etc. o que el servidor se encuentre saturado, o que la conexión mediante la cual salimos a internet presente problemas de velocidad o intermitencia física en algún tramo de la red. También se podría suponer que durante las veces que hubo Tiempo de espera agotado para esta solicitud el host estuvo desconectado de la red.

Pero también podemos obtener una respuesta tipo 3, donde veríamos el mensajes siguientes:

> Respuesta desde 192.190.168.254: Host de destino inaccesible

Lo que nos indica que el problemas ya es de enrutamiento, es decir que la petición pasa más allá de nuestra puerta de enlace que sería nuestro router, proxy o modem de banda ancha. En este caso hay que centrarse en revisar la configuración TCP/IP en los equipos y red.

Las ultimas lineas del comando ping muestran estadísticas de los datos obtenidos, como se muestra en la figura siguiente.

```
--- 192.168.0.1 ping statistics ---
13 packets transmitted, 13 received, 0% packet loss, time 12016ms
rtt min/avg/max/mdev = 2.109/4.588/33.127/8.239 ms
```

Fig.35 Estadísticas mostradas por le comando ping

Las lineas de la figura 35 muestran estadísticas como cantidad de paquetes transmitidos, recibidos, porcentaje de paquetes perdidos y tiempo. A demás de el valor mínimo, promedio, valor máximo y desviación estándar respectivamente de los datos arrojados por este comando con anterioridad.

Ahora que ya se ha entendido cual es el funcionamiento básico del comando ping, veamos otro par de ejemplo que muestran el potencial de esta gran herramienta:

1) Antes de probar conectividad entre dos host es recomendable chequear si la NIC (tarjeta de red) esta funcionando a nivel lógico, una de las formas mas sencillas de hacerlo es con el comando ping, como se muestra a continuación.

Pineando el Localhost usando el numero cero...

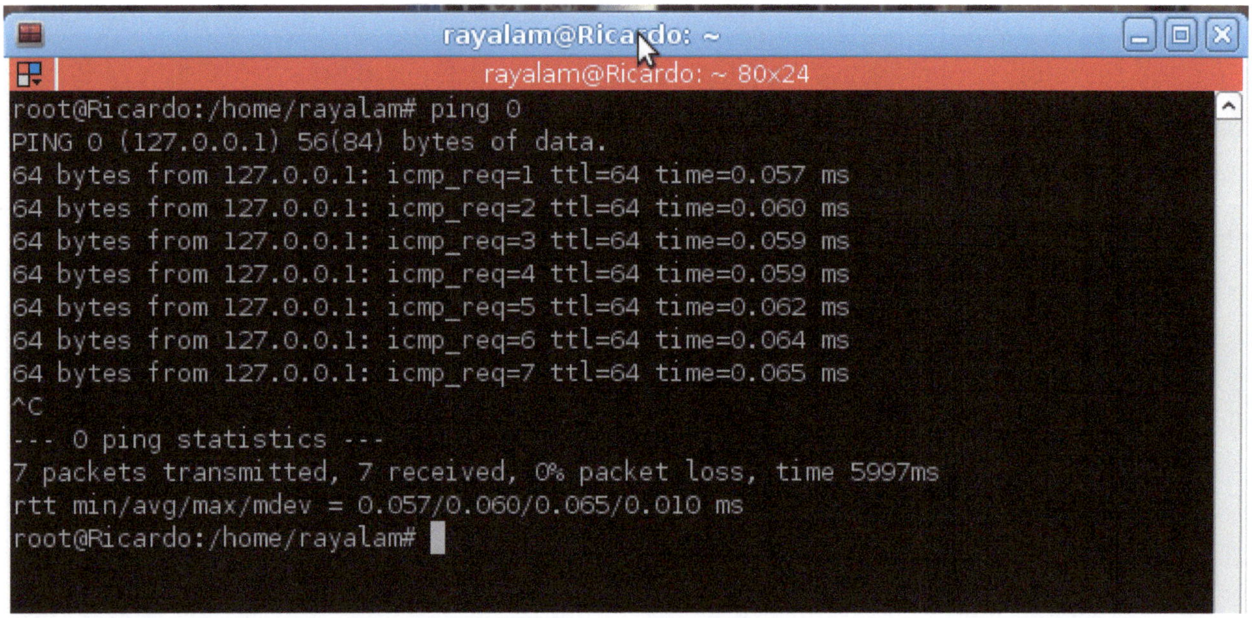

Fig.36 Probando la NIC con ping 0.

Otra forma de realizar esta acción es usando la palabra localhost ...

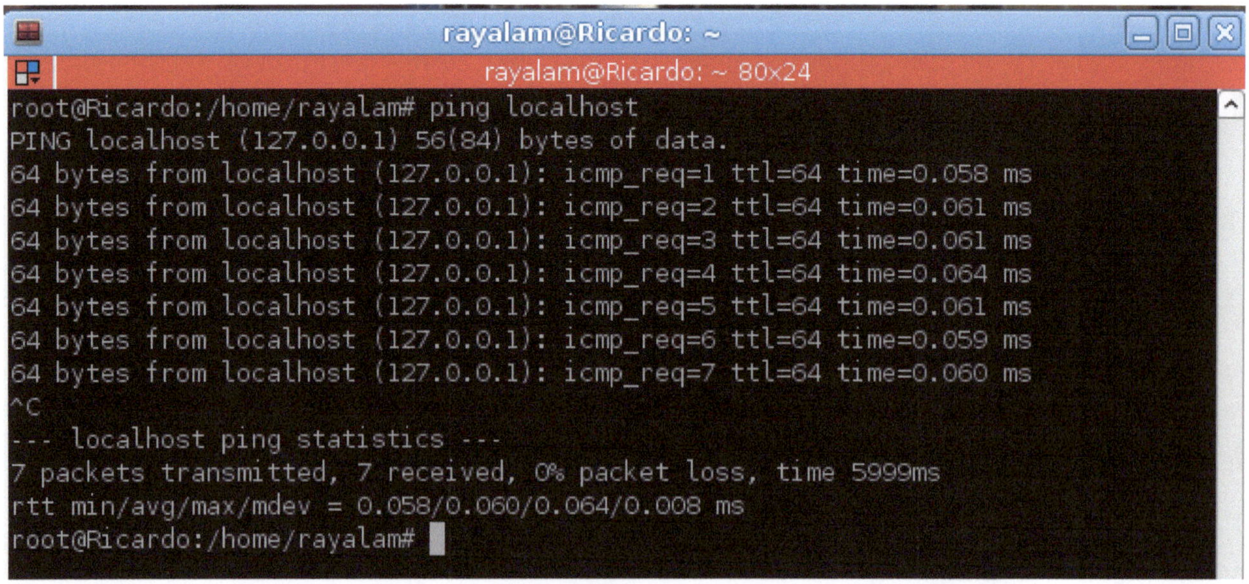

Fig.37 Probando la NIC con el comando ping localhost

Una ultima forma de probar la NIC es usando la dirección ip 127.0.0.1...

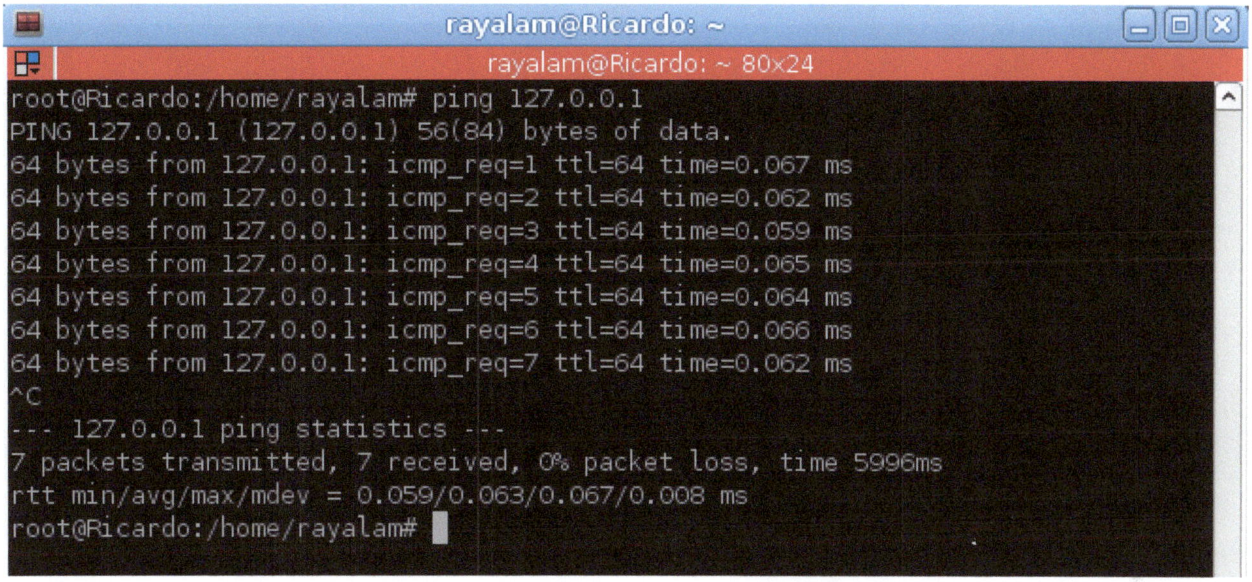

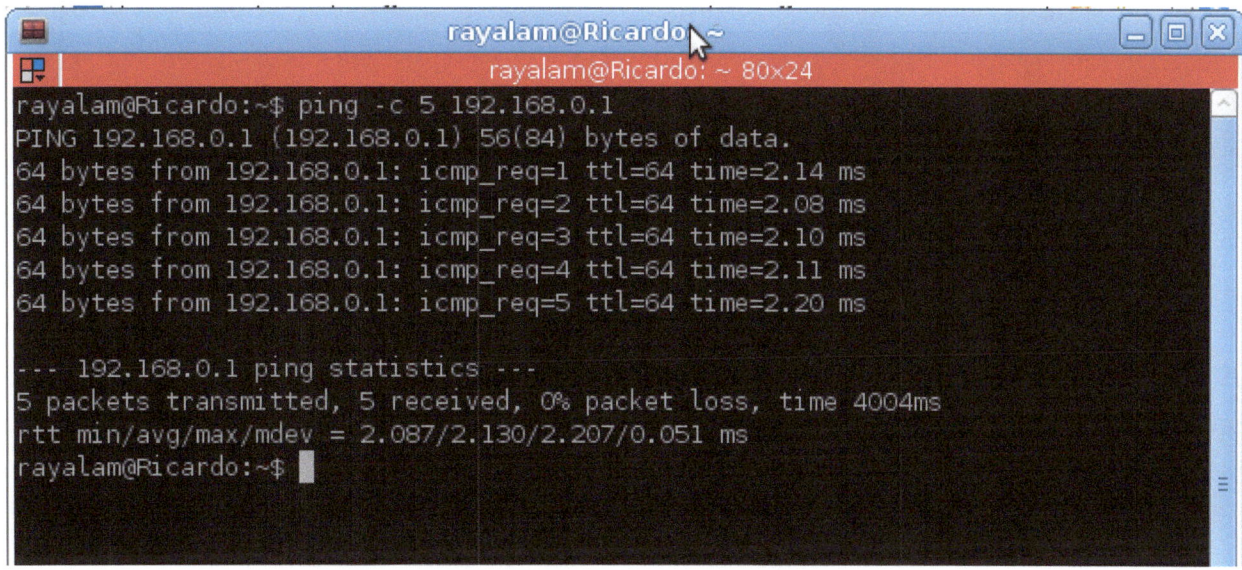

Fig.38 Probando la NIC con el comando ping 127.0.0.1

2)Con el comando ping podemos controlar el numero de paquetes que serán enviados al host para probar su conectividad, esto se realiza con la opcion -c como se muestra a continuación.

Fig.39 Controlando el numero de paquetes enviados con el comando ping.

3)Otra de las utilidades del comando ping es que permite averiguar la dirección ip de un host en particular con solo colocar el nombre de este, veamos el siguiente ejemplo que muestra lo que expresa este literal.

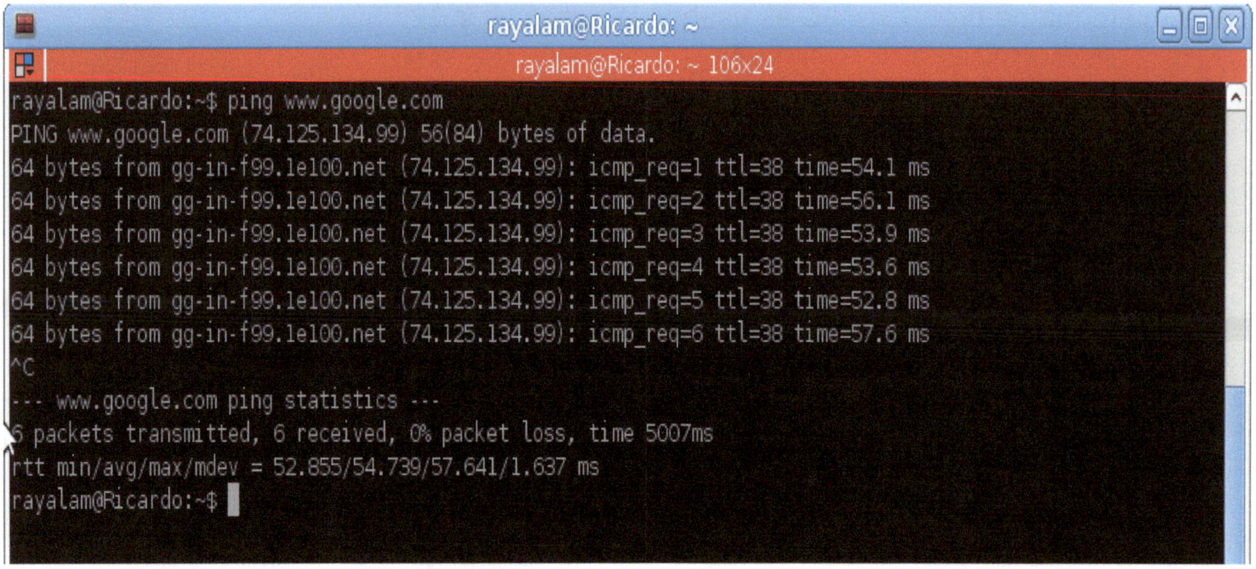

Fig.40 Obteniendo dirección ip con el nombre del host y el comando ping.

4)Con el comando ping podemos incrementar o disminuir el intervalo de tiempo entre los paquetes. Por defecto este tiempo es de un segundo. Veamos como incrementar el intervalo a 5 segundos.

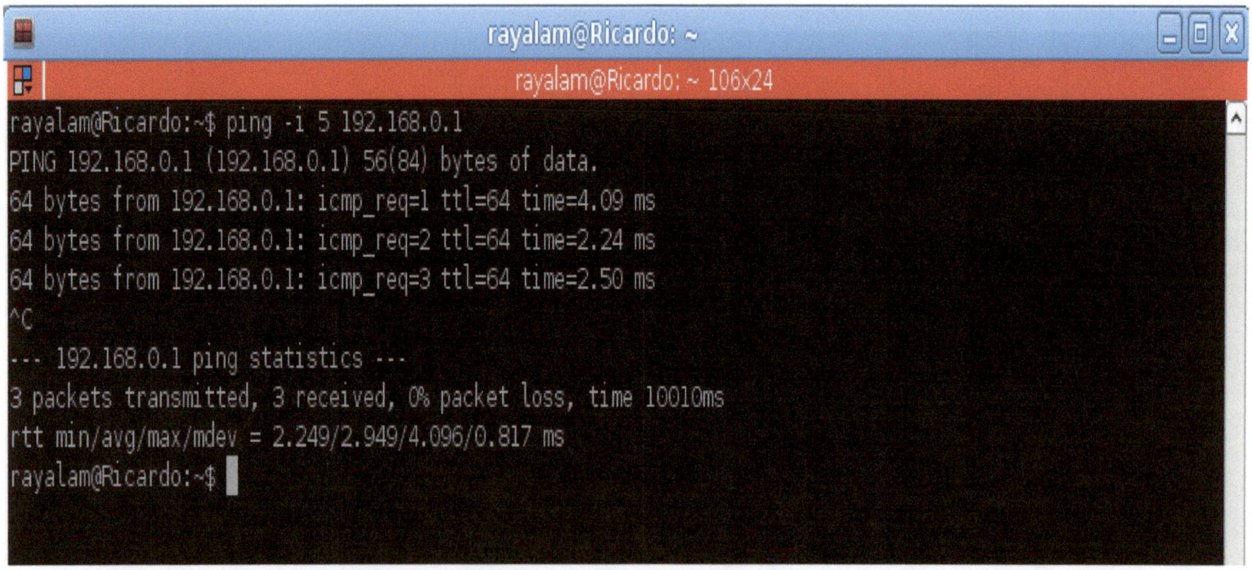

Fig.41 Incrementando el intervalo de tiempo entre paquetes a 5 segundos.

Si se quiere decrementar el intervalo de tiempo a menos de un segundo el comando tendría que escribirse como se muestra a continuación.

ping -i 0.2 192.1687.0.1

5) Si quisiéramos ver solo las estadísticas que arroja el comando ping y no el detalle de los paquetes, tenemos que usar la opcion -q.

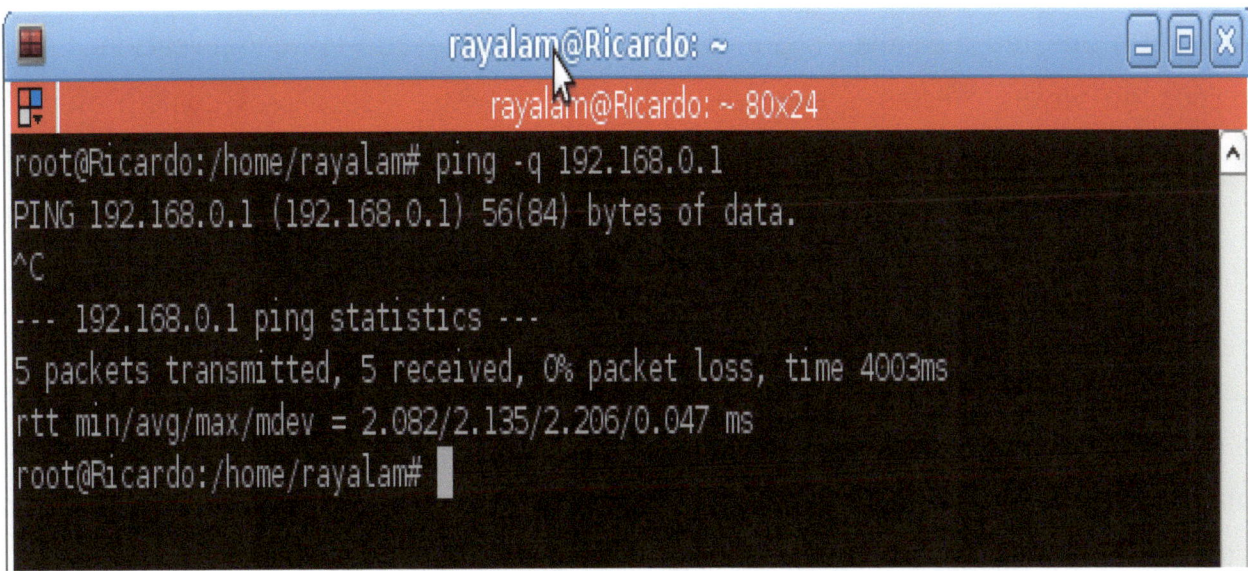

Fig.42 Desplegando solo las estadísticas del comando ping

Por el momento hemos descrito una pequeña introducción al comando ping, con los elementos suficiente para un primer acercamiento de este comando y empezar a entender las herramientas utilizadas en le mundo de las redes, en nuestra próxima edición profundizaremos mas en el uso de este comando ya que posee una serie de opciones mas que interesantes.

COMANDO TRACEROUTE

Resulta un comando muy útil para determinar el camino que siguen los paquetes de red desde un equipo a otro y así determinar si existe algún problema en algún momento entre ambos. En una red medianas o grande, es muy probable que las comunicaciones entre equipos no vayan directas y siempre atraviesen diversos dispositivos como Routers o Servidores que hagan mas lentas en cierta medida las velocidades máximas de transmisión de datos. Si tenemos un problema notable de velocidad, con Trace Route podemos verificar en qué momento sucede el problema y así intentar encontrar la solución más adecuada.

Traceroute funciona gracias al campo TTL en los paquetes IP. Cada paquete IP posee un campo de vida útil (TTL) el cual se reduce cada vez que pasa por un router. Cuando este campo llega a cero, el router determina que el paquete estuvo viajando en círculos, finaliza este paquete y envía una notificación ICMP al remitente.

Traceroute se aprovecha de este funcionamiento para mandar un paquete con un TTL de 1 al primer salto, para asegurar que solo hace un salto y espera recibir el ICMP tipo 11 (Time Exceeded) desde este primer punto intermedio. Luego manda otro paquete con el TTL a valor 2, por lo que pasa por el primer punto que ya ha registrado y el segundo salta le debería mandar otro ICMP informando del TTL agotado. En el caso que no se reciba dentro de los límites de tiempo (5 por defecto), simplemente de marca con un asterisco el salto.

La sintaxis con la que iniciaremos nuestra experiencia con este gran herramienta es muy sencilla, al igual que con los otros comandos estudiamos en este libro profundizaremos mas en futuras ediciones.

Traceroute <nombre del host destino|Direccion ip del host destino><opciones>

El ejemplo siguiente muestra el uso de traceroute utilizando la dirección ip de un host como argumento, en este caso 75.125.139.102(google.com)

```
rayalam@Ricardo: ~
rayalam@Ricardo: ~ 125x31
root@Ricardo:/home/rayalam# traceroute 74.125.139.102
traceroute to 74.125.139.102 (74.125.139.102), 30 hops max, 60 byte packets
 1  10.70.128.1 (10.70.128.1)  11.865 ms  13.659 ms  17.162 ms
 2  10.70.4.1 (10.70.4.1)  21.260 ms  24.898 ms  28.999 ms
 3  10.192.81.1 (10.192.81.1)  34.303 ms  37.601 ms *
 4  10.192.68.97 (10.192.68.97)  51.547 ms  51.466 ms  54.485 ms
 5  10.192.92.49 (10.192.92.49)  57.473 ms  61.537 ms  65.606 ms
 6  10.192.92.57 (10.192.92.57)  71.311 ms  13.920 ms  12.334 ms
 7  xe-1-1-3.usa.nmi-teracore01.columbus-networks.com (63.245.70.37)  44.350 ms  47.554 ms  63.761 ms
 8  xe-0-1-2.usa.nmi-teracore02.columbus-networks.com (63.245.5.167)  54.828 ms  59.043 ms  62.903 ms
 9  63.245.6.46 (63.245.6.46)  115.168 ms  120.789 ms  123.618 ms
10  209.85.253.120 (209.85.253.120)  79.846 ms  83.128 ms 209.85.253.116 (209.85.253.116)  86.461 ms
11  216.239.48.192 (216.239.48.192)  103.590 ms  108.135 ms  111.921 ms
12  209.85.248.53 (209.85.248.53)  104.376 ms  55.696 ms 209.85.248.57 (209.85.248.57)  53.849 ms
13  * * *
14  yn-in-f102.1e100.net (74.125.139.102)  70.444 ms  72.432 ms  76.547 ms
root@Ricardo:/home/rayalam#
```

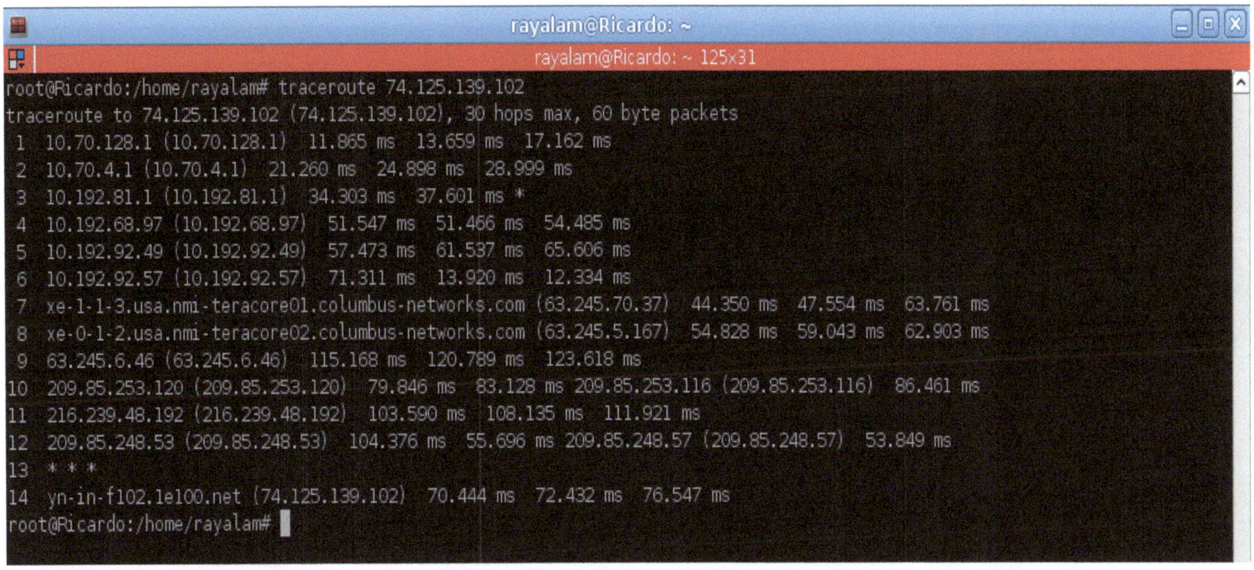

Fig.43 Comando traceroute dirigido a la dirección ip 74.125.139.102

La información que nos muestra este ejemplo en cada linea es parecida a la que nos da con el comando ping, con el tiempo que tarda en recibir los paquetes (tres intentos) y la dirección del equipo remoto. Si no se consiguen los tres tiempos de cada fila, entonces quiere decir que esa comunicación ha fallado y se representaría como un asterisco, como se observa en la linea 13. Cada número inicial en las lineas es un salto a un equipo distinto que puede estar en cualquier parte del mundo, en este caso se muestra el servidor (con nombres bastante peculiares), dirección IP y los tiempos.

Siguiendo con los ejemplo, ahora mostrare el mismo ejemplo solo que utilizando el nombre del host en lugar de la dirección ip.

```
rayalam@Ricardo: ~
rayalam@Ricardo: ~ 125x31
root@Ricardo:/home/rayalam# traceroute google.com
traceroute to google.com (74.125.139.102), 30 hops max, 60 byte packets
 1  10.70.128.1 (10.70.128.1)  1990.967 ms  1990.824 ms  1990.743 ms
 2  10.70.4.1 (10.70.4.1)  1990.537 ms  1990.492 ms  1990.380 ms
 3  10.192.81.1 (10.192.81.1)  1990.318 ms  1990.272 ms  1990.217 ms
 4  10.192.68.97 (10.192.68.97)  1990.139 ms  1990.078 ms  1990.006 ms
 5  10.192.92.49 (10.192.92.49)  1989.953 ms  1989.872 ms  1990.864 ms
 6  10.192.92.57 (10.192.92.57)  1990.820 ms  18.647 ms  21.709 ms
 7  xe-1-1-3.usa.nmi-teracore01.columbus-networks.com (63.245.70.37)  50.436 ms  53.900 ms  58.189 ms
 8  xe-0-1-2.usa.nmi-teracore02.columbus-networks.com (63.245.5.167)  60.995 ms  66.059 ms  70.314 ms
 9  63.245.6.46 (63.245.6.46)  133.453 ms  134.238 ms  134.953 ms
10  209.85.253.116 (209.85.253.116)  85.303 ms 209.85.253.120 (209.85.253.120)  89.375 ms 209.85.253.116 (209.85.253.116)  93
.134 ms
11  216.239.48.192 (216.239.48.192)  54.978 ms 209.85.254.252 (209.85.254.252)  57.973 ms  523.997 ms
12  209.85.248.31 (209.85.248.31)  523.828 ms 209.85.248.29 (209.85.248.29)  523.787 ms 209.85.248.57 (209.85.248.57)  523.75
2 ms
13  * * *
14  yn-in-f102.1e100.net (74.125.139.102)  523.547 ms  523.394 ms  523.314 ms
root@Ricardo:/home/rayalam#
```

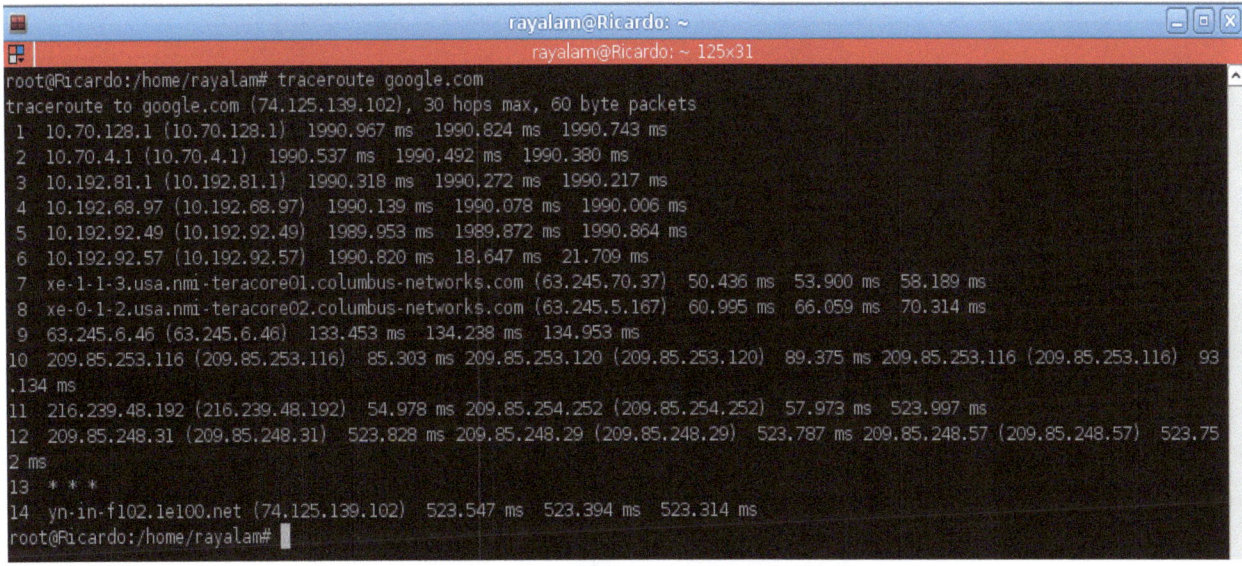

Fig.44 Comando traceroute dirigido a google.com

Si se es observador este comando también puede ser utilizado para averiguar la dirección ip de un host en particular.

El siguiente ejemplo hace que traceroute funcione mas rápido ya que se desactiva el mapeo del nombre que corresponde al host.

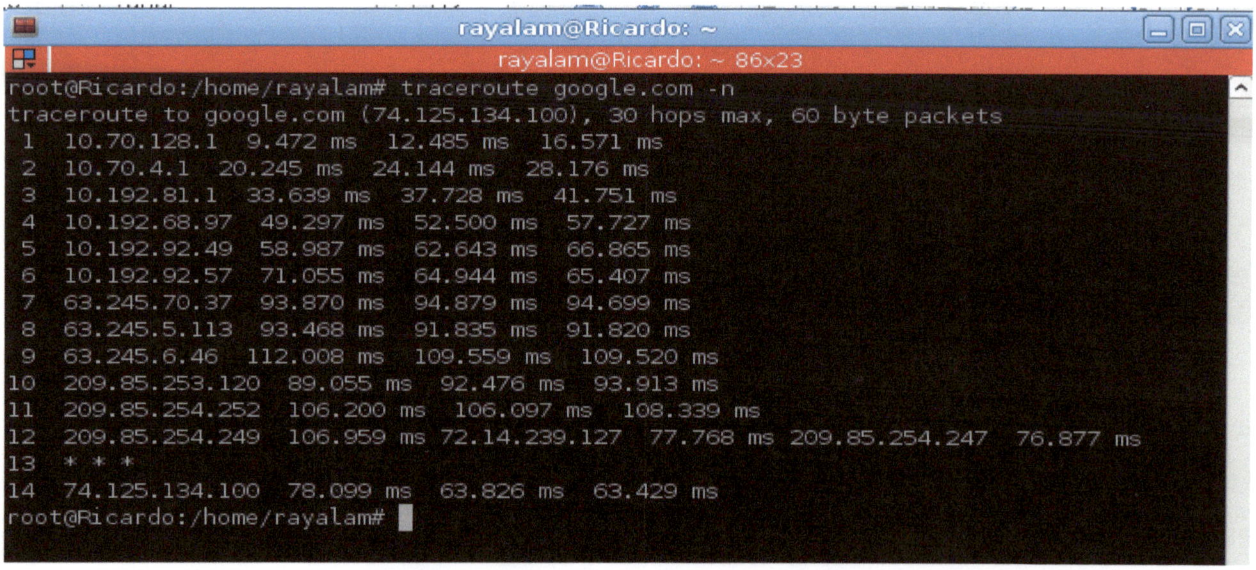

Fig.45 Usando la opción -n de traceroute

Otra opción interesante de traceroute es -q la cual nos permite controlar el numero de consulta o el numero de paquetes que se envían en cada salto (por defecto son 3), veamos el siguiente ejemplo en el cual también se utiliza la opción -n.

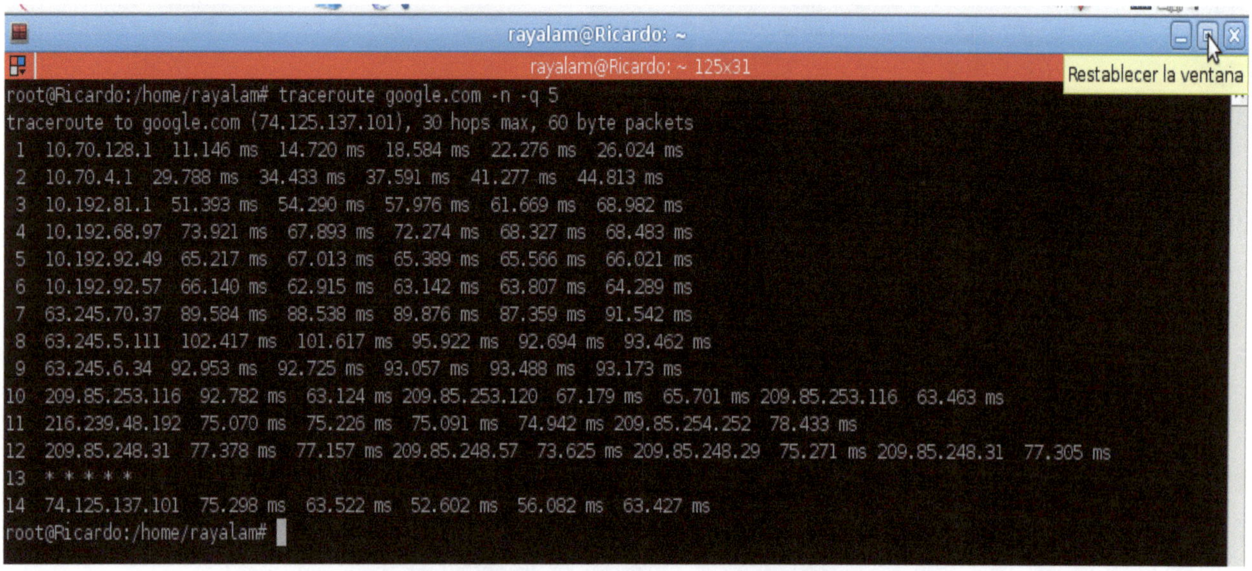

Fig.46 Opción -q con traceroute

Existen ocasiones en las que queremos modificar el valor asignado al campo TTL que utiliza traceroute, lo que significaría que los datos serán desplegados a partir de ese numero de salto, esto se logra con la opción -f

La siguiente figura muestra un ejemplo con la opción -f configurada a 4, estos resultados pueden ser comparada con los datos de la figura 46 para una mayor compresión.

```
root@Ricardo:/home/rayalam# traceroute google.com -n -q 5 -f 4
traceroute to google.com (74.125.229.193), 30 hops max, 60 byte packets
 4  10.192.68.97  14.446 ms  17.565 ms  23.505 ms  27.012 ms  30.161 ms
 5  10.192.92.49  32.487 ms  36.303 ms  40.756 ms  45.486 ms  48.486 ms
 6  10.192.92.57  52.493 ms  55.499 ms  60.630 ms  63.168 ms  66.431 ms
 7  63.245.70.37  100.364 ms  90.915 ms  91.576 ms  89.772 ms  89.743 ms
 8  63.245.5.113  91.761 ms  93.718 ms  94.305 ms  93.631 ms  92.058 ms
 9  63.245.6.34  113.721 ms  113.086 ms  116.376 ms  115.036 ms  116.423 ms
10  209.85.253.120  94.974 ms  63.354 ms  68.100 ms  64.340 ms  86.864 ms
11  216.239.46.94  63.741 ms  64.658 ms  63.380 ms  62.751 ms  64.869 ms
12  74.125.229.193  61.270 ms  41.272 ms  44.781 ms  47.407 ms  49.778 ms
root@Ricardo:/home/rayalam#
```

Fig.47 Opción -f con traceroute

Ha esta altura del texto ya ha surgido la duda acerca de como configurar el numero de saltos, lo cual se logra con la opción -m.

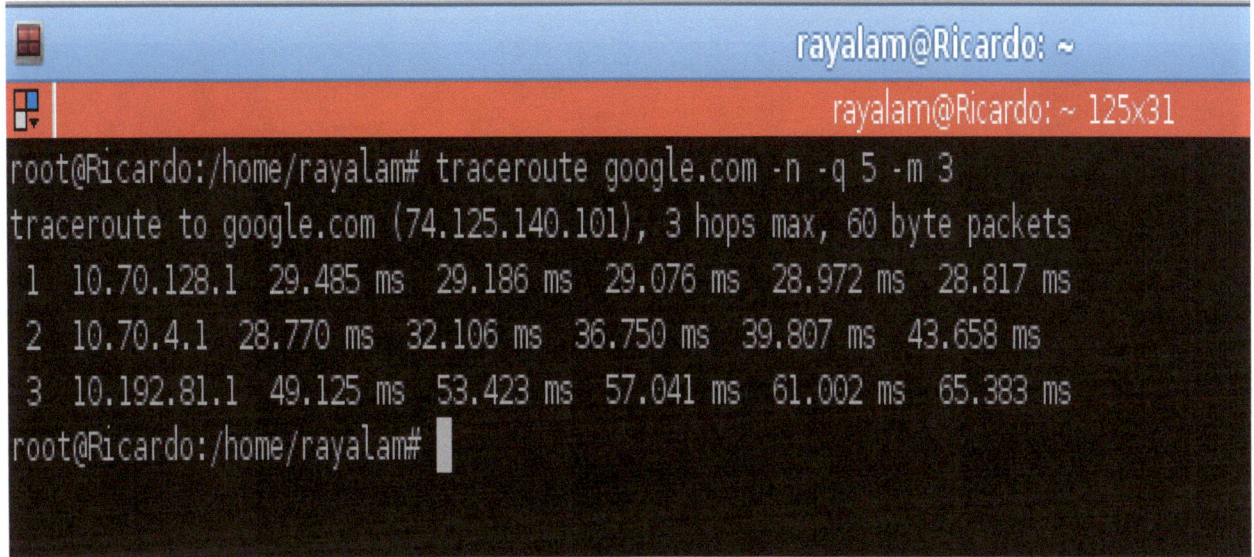

Fig.48 Opción -m con traceroute

Existen muchas otras opciones de esta fascinante herramienta, pero para ser la primera edición de este tema solo cubriremos las mencionadas hasta este punto.

COMANDO MTR

Mtr es un software que combina las funcionalidades de Tracert y Ping en una sola herramienta de diagnóstico. MTR prueba cada uno de los saltos que hay desde que un paquete se envía hasta que llega a su destino. Esto, mediante pings en cada uno de ellos. Además, MTR nos muestra en pantalla las estadísticas de respuesta en porcentajes de cada uno de estos saltos cada tantos segundos.

La sintaxis que manejaremos por el momento de forma introductoria para este comando es la siguiente.

mtr <opciones><dirección ip | nombre de host>

Veamos el siguiente ejemplo donde se despliega la ruta que sigue un paquete:

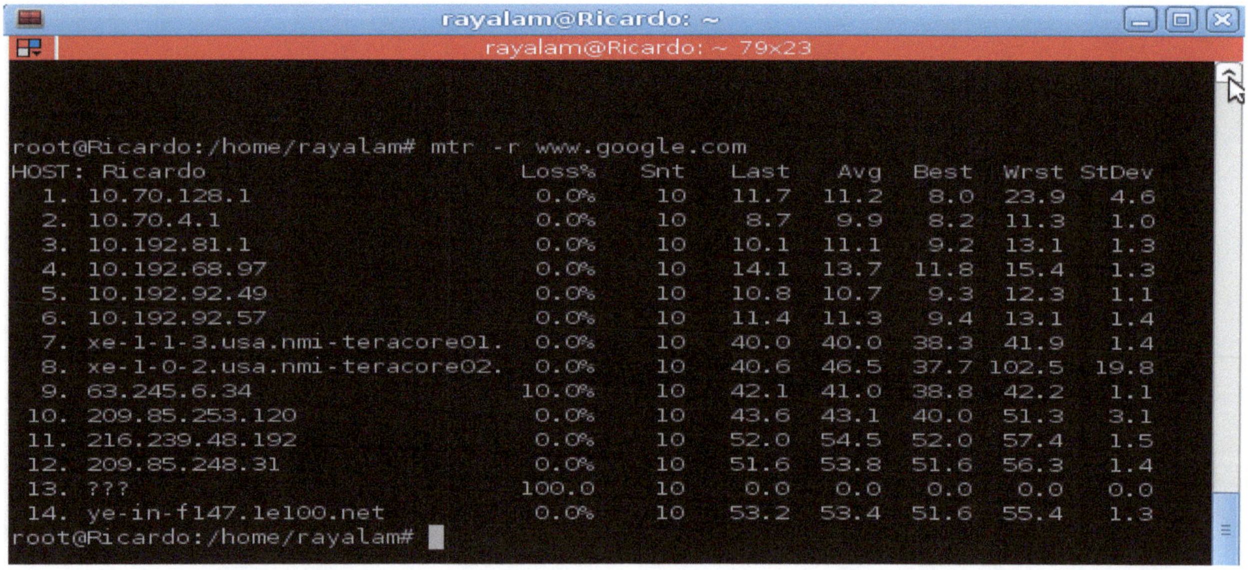

Fig.49 Uso de mtr para probar conectividad en la ruta que sigue un paquete.

La primera columna (Host) muestra las máquinas que existen entre el origen y el destino (www.google.com). La columna etiquetada con Loss% indica el porcentaje de paquetes perdidos, Snt el número de paquetes ICMP enviados, Last indica el tiempo tomado por el ultimo paquete enviado, Avg nos dice el promedio del tiempo tomado por los paquetes enviados, Best indica el mejor tiempo obtenido del conjunto de paquetes enviados, Wrst refleja el tiempo mas tardío observado y por ultimo Stdev es la desviación estándar de los paquetes enviados.

En el ejemplo de la figura 49 se uso el nombre del host con el comando mtr pero como especificamos en la sintaxis también podemos usar la dirección ip como argumento, como se muestra en la siguiente figura.

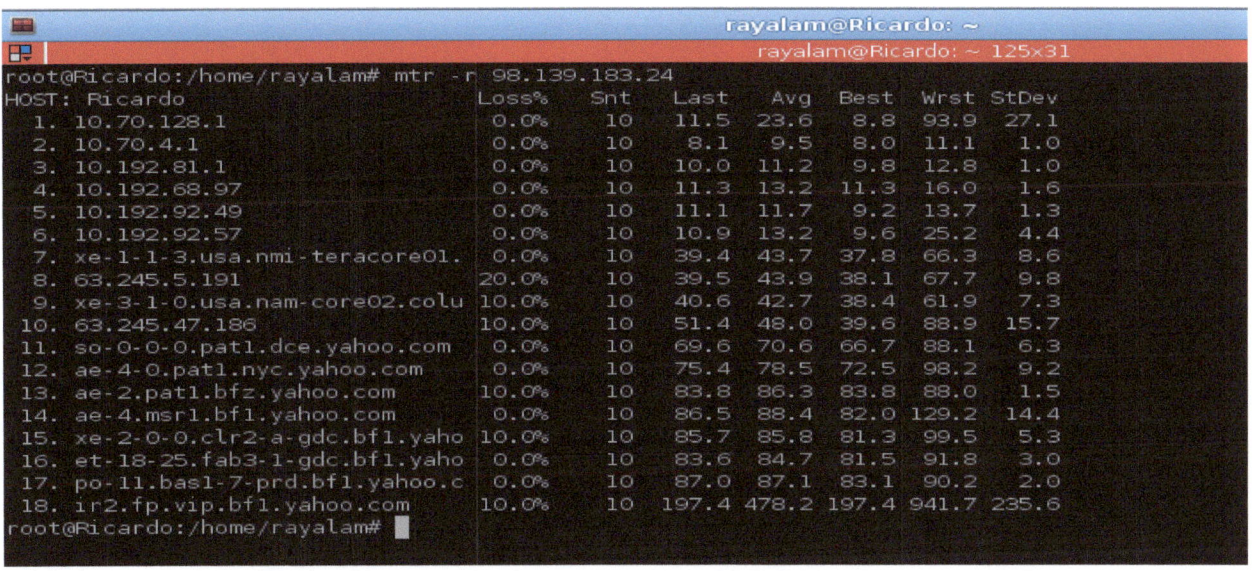

Fig.50 Uso de mtr con la dirección ip.

Hasta acá llegaremos con el uso de mtr, lo visto hasta el momento es suficiente para usarla como herramienta complementaria a la hora de establecer conectividad entre los host.

COMANDO ROUTE

En muchas ocasiones necesitamos averiguar cual es el gateway o puerta de enlace con la cual estamos conectados, una de las formas de chequear este dato es mediante el comando route.

El comando route muestra la tabla de enrutamiento que reside en el kernel y también se usa para modificarla. La tabla que especifica cómo se enrutan los paquetes a un host se llama tabla de enrutamiento.

La sintaxis que usaremos para introducirnos en este comando es la siguiente:

route <opciones>

Dentro de las opciones usaremos las siguientes de manera introductoria:

Opción	Descripción
-n	Muestra la tabla de enrutamiento en formato numérico [dirección IP]
-e	Muestra la tabla de enrutamiento en formato hostname
Add	Añade una nueva ruta a la tabla de enrutamiento
del	Elimina una ruta de la tabla de enrutamiento

Con add y del se pueden usar las siguientes opciones:

Opción	Descripción
-net	Indica que el objetivo es una red
-host	Indica que el objetivo es un host
gw	Especifica el puerta de enlace del host o red objetivo
netmask	Usado para especificar la máscara de subred del host o red de destino
dev	Especifica el dispositivo o interfaz donde se enviarán los paquetes
reject	Rechaza los paquetes enviados a una ruta o host particular

El principal enfoque que se le dará a este comando es para conocer cual es nuestra puerta de enlace, ya que como se dijo antes este es un dato importante que todo administrador necesitara en determinados momentos.

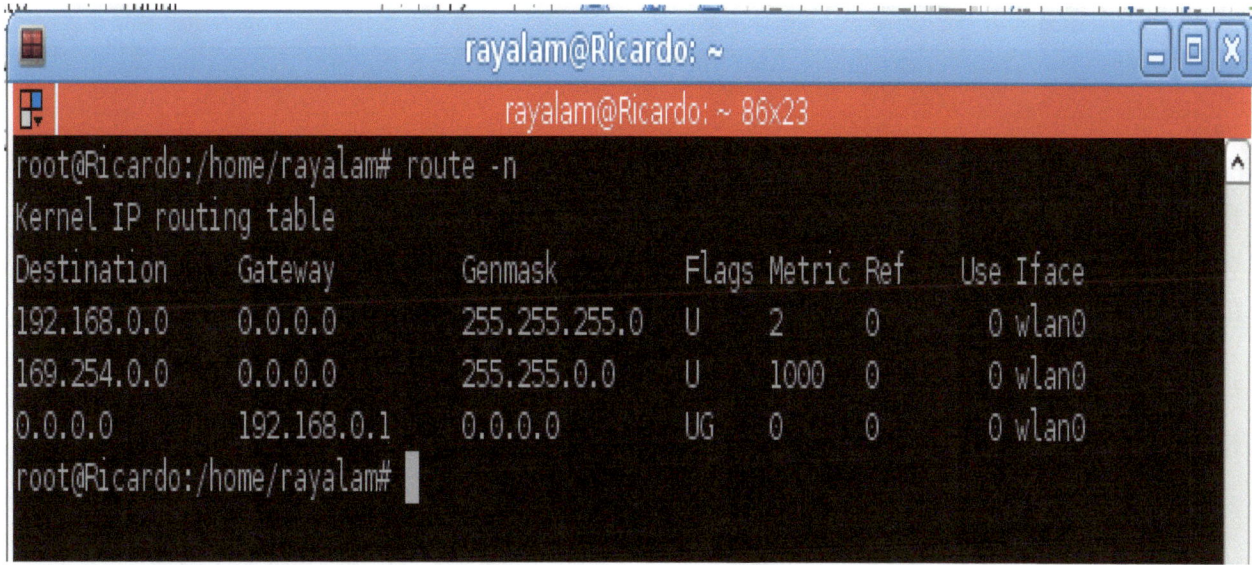

Fig.51 Identificando el gateway con el comando route y la opción -n

Los puntos de interés en la figura 18 son los siguientes:

Destination -Indica la dirección IP de la red o host de destino.

Gateway -Indica el puerta de enlace desde el cual se alcanza el host o red de destino.

Genmask -Indica la mascara de red para la red de destino.

Flags -Indica el estado actual de ruta.

- U - La ruta está activa
- H - El objetivo es un host
- G - Utilizar puerta de enlace

Iface -Indica la interfaz por la cual sera enviada la información para la ruta indicada en Destination.

Veamos un ejemplo en el que añadiremos una ruta estática en la tabla de enrutamiento:

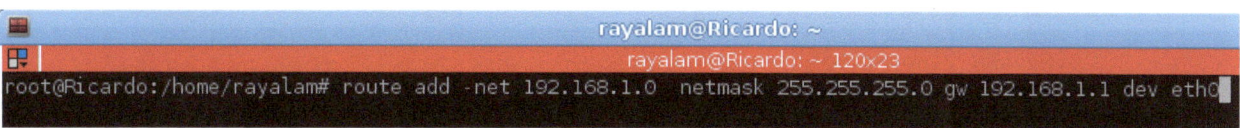

Fig.52 Agregando una ruta a la tabla de enrutamiento

Ahora solo queda comprobar si se agrego la ruta a la tabla de enrutamiento, esta información se muestra en la siguiente figura.

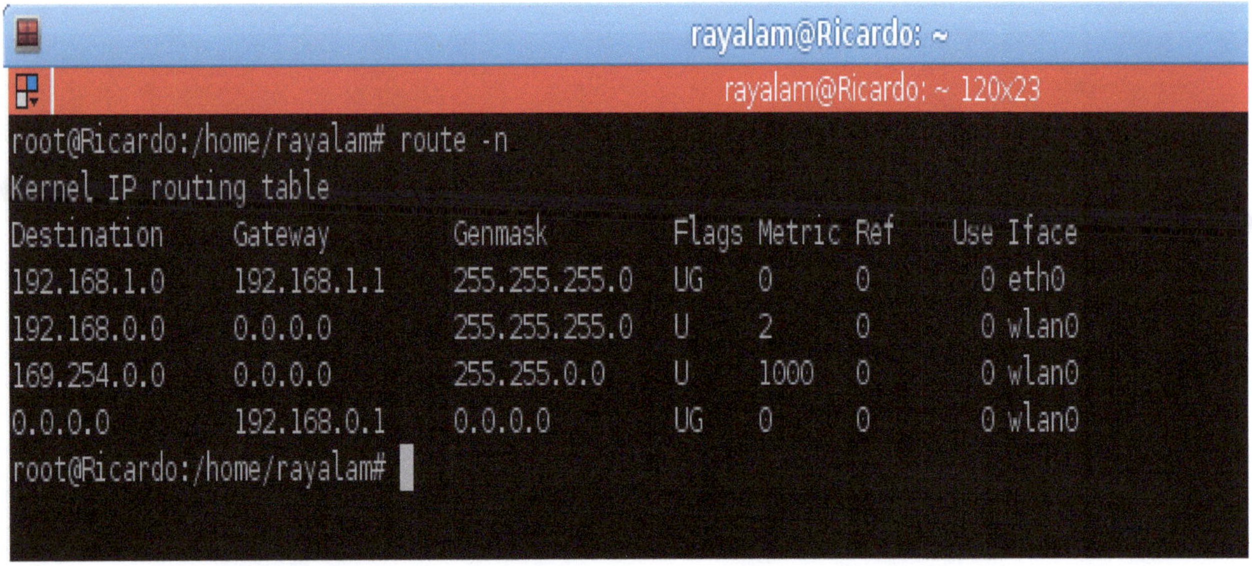
rayalam@Ricardo: ~
rayalam@Ricardo: ~ 120x23
root@Ricardo:/home/rayalam# route -n
Kernel IP routing table
Destination Gateway Genmask Flags Metric Ref Use Iface
192.168.1.0 192.168.1.1 255.255.255.0 UG 0 0 0 eth0
192.168.0.0 0.0.0.0 255.255.255.0 U 2 0 0 wlan0
169.254.0.0 0.0.0.0 255.255.0.0 U 1000 0 0 wlan0
0.0.0.0 192.168.0.1 0.0.0.0 UG 0 0 0 wlan0
root@Ricardo:/home/rayalam#

Fig.53 Chequeando ruta agregada a la tabla de enrutamiento.

Nota: con el comando netstat -r también podemos ver la tabla de enrutamiento y por tanto el gateway con el que estamos trabajando.

COMANDO IFCONFIG

El comando ifconfig es otra herramienta útil para los administradores de red y a demás es fácil de entender y usar, este comando se usa para mostrar información sobre las interfaces de red conectadas al sistema y también para configurar la interfaz de red. Para obtener información de una interfase partiremos de la siguiente sintaxis:

ifconfig <-a><interface>

-a muestra el estado de todas las interfaces, incluso aquellas que se encuentren desactivadas.

En interfaz debe proporcionarse el nombre de la interfaz de red que se desea consultar. Generalmente el nombre de interfaz se forma a partir de un nombre de manejador seguido de un número de unidad. El nombre de manejador para redes Ethernet es eth y las unidades comienzan a numerarse a partir de 0 hasta el número de interfaces existentes del mismo tipo menos uno (eth0, eth1, etc.).

Con ifconfig si no se proporcionan argumentos muestra el estado de las interfaces de red que se encuentran activas. Veamos el siguiente ejemplo donde se le proporciona el nombre de una interfase al comando:

Fig.54 chequeando la interfase wlan0 con ifconfig

En la figura por el momento nos interesan las siguiente lineas:

Link encap:Ethernet-Especifica el tipo de interfaz

HWaddr 00:14:85:9C:CC:55-Especifica la dirección hardware o MAC

inet addr:192.168.0.12-Especifica la dirección IP asignada a la interfaz de red

Bcast:192.168.0.255-Especifica la dirección de Broadcast.

Mask:255.255.255.0-Especifica la mascara de red.

Ifconfig es una utilidad de línea de comandos que permite también configurar como se menciono anteriormente las interfaces de red de un equipo. La sintaxis de este comando es la siguiente para propósitos de configuración:

ifconfig <interfaz> <familia> <dir_ip> <máscara> <dir_broadcast><up/down><netmask> <broadcast>

En interfaz debe proporcionarse el nombre de la interfaz de red que se desea configurar, siguiendo los mismos lineamientos como si fueras a consultar la interfase (ver explicacion de como obtener información de interfases).

En familia se debe proporcionar el nombre de una familia de direcciones soportada por el sistema. Este nombre se utilizará para decodificar y mostrar en un formato comprensible todas las direcciones de protocolo. Actualmente las familia de direcciones de protocolos soportados incluyen inet(TCP/IP, que es la default), inet6 para ipv6, ipx(Novel IPX), ddp(AppleTalk), ax25(AMPR packet radio) y netrom(AMPR packet radio). dir_ip es la dirección IP con que se desea configurar la interfaz de red.

En máscara se establece la máscara de red que se desea utilizar para la interfaz. Si no se proporciona este valor, se utilizarán las máscaras de red por defecto para direcciones clase A, B o C en función de la dirección IP con que se esté configurando esta interfaz.

En dir_broadcast se proporciona una dirección de broadcast con la opción broadcast, se indica a la interfaz de red que se desea que habilite el modo de broadcast dirigido y que contemple dicha dirección. La dirección de broadcast dirigido a una red se determina a partir de la dirección IP de cualquiera de los equipos pertenecientes a dicha red y su máscara de red, ya que se forma a partir la dirección de red poniendo '1's en la parte de dirección correspondiente a equipos.

up y down activan y desactivan respectivamente la interfase. Los parámetros de netmask y broadcast se utilizan para configurar la mascara de red y el broadcas respectivamente. Veamo un ejemplo sencillo:

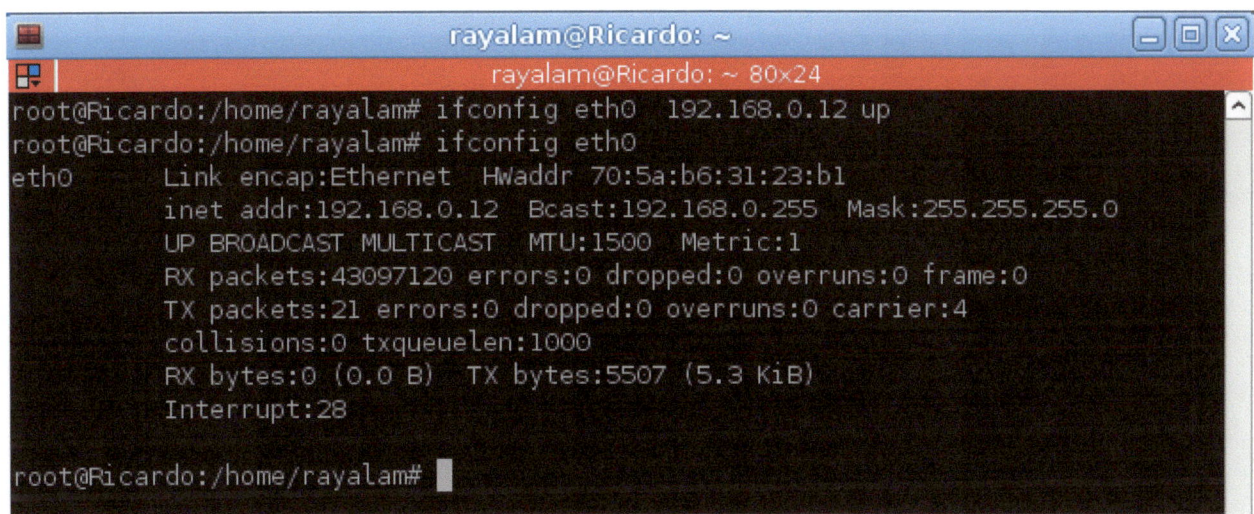

Fig.55 Configuración de la interfase eth0 con ifconfig desde la linea de comandos.

El comando que aparece en la figura activa y asigna la dirección IP 192.168.0.12 a la tarjeta Ethernet con nombre eth0. Para desactivar la misma interfase solo basta digitar en la linea de comandos los siguiente:

ifconfig eth0 down

acá están otros ejemplos de interés con el comando ifconfig:

1)Asignar una IP

ifconfig eth0 192.168.0.2

2)Cambiar la máscara de sub red

ifconfig eth0 netmask 255.255.255.0

3)Cambiar la dirección de broadcast

ifconfig eth0 broadcast 192.168.0.255

4) Asignar dirección IP, máscara y broadcast al mismo tiempo

ifconfig eth0 192.168.0.2 netmask 255.255.255.0 broadcast 192.168.0.255

Bibliografía

1) Comando Man de Linux

www.ingramcontent.com/pod-product-compliance
Lightning Source LLC
Chambersburg PA
CBHW051056180526
45172CB00002B/657